Amar e Brincar
Fundamentos esquecidos do humano

Humberto R. Maturana – Gerda Verden-Zöller

Amar e Brincar
Fundamentos esquecidos do humano do patriarcado à democracia

Tradução
Humberto Mariotti
e *Lia Diskin*

Palas Athena

Título original:
Amor y Juego – Fundamentos Olvidados de lo Humano
desde el patriarcado a la democracia
Copyright © 1993 by Humberto R. Maturana e Gerda Verden-Zöller

Grafia segundo o Acordo Ortográfico da Língua Portuguesa,
de 1990, que entrou em vigor no Brasil em 2009.

Coordenação editorial: *Emilio Moufarrige*
Revisão técnica: *Humberto Mariotti, Lia Diskin*
Revisão: *Adir de Lima, Cristina Zauhy*
Projeto gráfico e editoração: *Maria do Carmo de Oliveira*
Layout da capa: *Eder Cardoso da Silva*
Atualização ortográfica: *Lídia La Marck*

Dados Internacionais de Catalogação na Publicação (CIP)
(Câmara Brasileira do Livro, SP, Brasil)

Maturana, Humberto R., 1928–
Amar e brincar : fundamentos esquecidos do humano do patriarcado à democracia / Humberto R. Maturana, Gerda Verden--Zöller ; tradução de Humberto Mariotti e Lia Diskin. – São Paulo : Palas Athena, 2004.

Título original: Amor y juego : Fundamentos olvidados de lo humano desde el patriarcado a la democracia.
Bibliografia.
ISBN 85-7242-048-7

1. Antropologia social 2. Cognição e cultura 3. Cognição em crianças 4. Democracia 5. Mães e filhos 6. Patriarcado I. Verden-Zöller, Gerda. II. Título

04-2159   CDD-306

Índices para catálogo sistemático:
1. Antropologia cultural : Sociologia 306

6ª edição – junho de 2021

Todos os direitos reservados e protegidos
pela Lei 9610 de 19 de fevereiro de 1998.
É proibida a reprodução total ou parcial, por quaisquer meios,
sem a autorização prévia, por escrito, da Editora.

Direitos adquiridos para a língua portuguesa por
PALAS ATHENA EDITORA
Alameda Lorena, 355 – Jardim Paulista
01424-001 – São Paulo – SP – Brasil
fone: (11) 3050-6188
www.palasathena.org.br editora@palasathena.org.br

SUMÁRIO

INTRODUÇÃO
9

CONVERSAÇÕES MATRÍSTICAS E PATRIARCAIS
Humberto R. Maturana
25

O BRINCAR NA RELAÇÃO MATERNO-INFANTIL
FUNDAMENTOS BIOLÓGICOS DA CONSCIÊNCIA DE SI MESMO E DA CONSCIÊNCIA SOCIAL
Gerda Verden-Zöller
117

BRINCAR: O CAMINHO DESDENHADO
Gerda Verden-Zöller – Humberto R. Maturana
217

EPÍLOGO
247

GLOSSÁRIO
261

Introdução

Este livro é tanto a apresentação de uma pesquisa sobre o desenvolvimento da consciência individual e social da criança, quanto um ensaio sobre aculturação e mudança cultural.

Pensamos que a existência humana acontece no espaço relacional do conversar. Ou seja, consideramos que, embora do ponto de vista biológico sejamos animais, somos também *Homo sapiens*. A espécie de animais que somos, segundo o nosso modo de viver – vale dizer, nossa condição humana –, ocorre no modo como nos relacionamos uns com os outros e com o mundo que configuramos enquanto vivemos. Ao mesmo tempo, efetivamos nosso ser biológico no processo de existir como seres humanos ao viver imersos no conversar. Vejamos isso com mais detalhes.

Se observarmos o cotidiano, notaremos que aquilo que constitui a linguagem como fenômeno biológico relacional é a coexistência de interações recorrentes, sob a forma de um fluxo recursivo de coordenações de coordenações comportamentais consensuais. Doravante chamaremos esse processo de linguajear (Maturana, 1978). Ao mesmo tempo, perceberemos também que aquilo que distinguimos quando diferenciamos emoções, em nós próprios e em outros animais, são domínios de ações, tipos de comportamento. Ao viver, fluímos de um domínio de ações a outro, num contínuo emocionar (vivenciar as emoções) que se entrelaça com nosso linguajear. A esse entrelaçamento chamamos de conversar. Sustentamos que todo o viver humano acontece em redes de conversação. Mas continuemos.

Como um de nós propôs em várias publicações anteriores (Maturana, 1988 e 1989), pensamos que a linhagem humana surgiu na história evolutiva do grupo de primatas bípedes a que pertencemos. Tal ocorreu quando a convivência na linguagem começou a se manter, geração após geração, como o modo de conviver que, com sua conservação, definiu e constituiu daí por diante a dita linhagem. Também achamos que, quando isso aconteceu (o que, segundo pensamos, deve ter ocorrido há cerca de três milhões de anos), o viver na linguagem – como uma convivência em coordenações de coordenações comportamentais consensuais – surgiu entrelaçado com o emocionar. De modo que, ao aparecer o humano, o que de fato surgiu no devir de nossos ancestrais foi o viver no conversar, que se manteve, geração após geração, como modo de convivência. Nós, seres humanos modernos, somos o presente dessa história. E existimos como o resultado atual de um porvir de transformações anatômicas e fisiológicas que ocorreram em torno da conservação do viver no conversar.

Todo linguajear se apoia num suporte emocional que pode mudar com o seu curso. De modo recíproco, o fluir na mudança emocional modifica o linguajear. Na verdade, todo conversar é uma convivência consensual em coordenações de coordenações de ações e emoções.

Além disso, é a emoção que define a ação. É a emoção a partir da qual se faz ou se recebe um certo fazer que o transforma numa ou noutra ação, ou que o qualifica como um comportamento dessa ou daquela classe. Sustentamos – como dissemos anteriormente – que nós, humanos, existimos na linguagem, e que todo ser e todos os afazeres humanos ocorrem, portanto, no conversar – que é o resultado do entrelaçamento do emocionar com o linguajear. Do mesmo modo, afirmamos que a existência na linguagem faz com que qualquer ocupação humana aconteça como uma rede específica de conversações. Esta é definida em sua especificidade pelo emocionar, que por sua vez define as ações que nela se coordenam (Maturana, 1988).

Por fim, levando em consideração o que até agora foi dito, pensamos que a história da humanidade seguiu a trajetória do emocionar. Em especial, ela seguiu o curso dos desejos, e não o da disponibilidade dos recursos e oportunidades naturais ou a trilha das ideias, valores e símbolos, como se estes existissem por si próprios.

Os recursos naturais só existem à medida que desejamos o que chamamos de recursos naturais. O mesmo acontece com as ideias, os valores ou os símbolos, vistos como elementos que orientam a nossa vida, mas que só o são até o ponto em que aceitamos o que eles conotam ou representam. Ou seja, para que os recursos naturais, os valores, as ideias, ou os símbolos apareçam em nossas diferenciações como fatores ou elementos que norteiam o curso de nossa vida, já surgira antes – independentemente deles próprios – o emocionar que os tornou possíveis como orientadores de nosso viver.

Precisamente porque pensamos dessa maneira, achamos que, para compreender o curso de nossa história como seres humanos, é necessário olhar para a trajetória histórica do emocionar humano. Para revelar tal trajetória, devemos observar a mudança das conversações que surgem das modificações no emocionar, bem como as circunstâncias que, em cada caso, dão origem a novos emocionares e os estabilizam.

Um de nós – a Dra. Gerda Verden-Zöller – mostra, num dos ensaios incluídos neste livro, que a criança cria seu espaço psíquico como seu espaço relacional ao viver na intimidade e em contato corporal com sua mãe. Essa experiência resulta simplesmente da convivência em total aceitação e confiança mútua nesse contato; ela não acontece por ter sido diretamente ensinada. Nesse processo, a criança aprende o emocionar e a dinâmica relacional fundamentais, que constituirão o espaço relacional que ela gerará em sua vida. Isto é: o que fará, ouvirá, cheirará, tocará, verá, pensará, temerá, desejará ou rechaçará, como aspectos óbvios de sua vida individual e social, na qualidade de membro de uma família e de uma cultura.

O curso da história humana se desenrola geração após geração. É essa mesma trajetória que segue o emocionar adquirido pelas crianças no crescimento em relação com seus pais, outros adultos, outras crianças e com o mundo não humano circundante. Nessas circunstâncias, para compreender as mudanças culturais, devemos entender as alterações históricas do emocionar humano em sua relação com o crescimento das crianças.

Neste livro, sustentamos que uma cultura é uma rede fechada de conversações. Afirmamos também que as mudanças culturais acontecem como modificações das conversações nas redes coloquiais em que vivem as comunidades que se modificam. Tais mudanças comunitárias surgem, sustentam-se e se mantêm mediante alterações no emocionar dos membros da comunidade, a qual também se modifica. Disso tudo, concluímos que o patriarcado surgiu exatamente assim: como uma alteração na configuração do emocionar que constituía o fundamento relacional da cultura matrística pré-existente. Daí resultou uma mudança no modo de pensar, degustar, ouvir, ver, temer, desejar, relacionar-se..., em suma, nos valores mantidos geração após geração. Isto é, segundo pensamos, o patriarcado surgiu por meio de uma modificação no espaço psíquico em que viviam e se desenvolviam as crianças.

Na vida dos seres humanos – na qualidade de seres biológicos – nada acontece porque é necessário, vantajoso ou benéfico. Esses adjetivos só são aplicáveis no âmbito dos valores, ou seja, no contexto dos comentários que um observador pode fazer sobre as consequências e as justificativas das preferências humanas. Um dos maiores erros que cometemos – tanto os cientistas quanto os filósofos – é usar as consequências de um processo como argumento para explicar ou justificar sua origem. Ao fazer isso, falamos como se o futuro fosse a causa do passado ou do presente. Os processos históricos não acontecem dessa forma; neles o futuro é um resultado, e este não surge porque seja necessário, vantajoso ou benéfico. Assim, a diversificação dos seres vivos na história da biosfera resulta da conservação de tantos modos diferentes de viver quanto os que se conservaram espontaneamente, geração após geração, simplesmente porque assim ocorreu.

O fato de existirmos como seres atualmente vivos, diante do avanço desse processo histórico, faz com que construamos a história para explicar nosso presente. Por isso, o passado nos surge enganosamente como um processo direcional, no qual tudo conduz a esse presente. Mas a história dos seres vivos não é uma progressão ou avanço em direção a algo melhor: é apenas a história da conservação dos diferentes modos de viver, que se mantiveram porque os organismos que os viveram assim o fizeram até se reproduzir. A história cultural humana é um fenômeno dessa mesma espécie; daí a grande diversidade de culturas que surgiram como diferentes modos de conviver no devir da humanidade.

A maneira de conviver, conservada geração após geração, desde a constituição de uma cultura como linhagem – ou como um sistema de linhagens nas quais é mantido um certo modo de convivência –, é fundamentalmente definida pela configuração do emocionar. Este, por sua vez, determina a rede de conversações que é vivida como o domínio específico de coordenação de coordenações de ações e emoções, que constitui essa cultura como modo de convivência.

Por isso, cada vez que começa a se conservar – geração após geração – uma nova configuração do emocionar de uma família, o qual é espontaneamente aprendido pelas crianças pelo simples fato de viver nela, surge uma nova cultura. No entanto, a nova configuração do emocionar que fundamenta a nova cultura não se mantém por ser vantajosa ou boa; ela apenas se conserva, e ao conservar-se faz com que a cultura persista e tenha uma história. Dito de outro modo: uma nova cultura surge por meio de uma dinâmica sistêmica, na qual a rede de conversações em que a comunidade em processo de mudança cultural vive, modifica-se, guiada e demarcada precisamente pela nova configuração do emocionar, que começa a se conservar na aprendizagem das crianças.

Posto ainda de outra forma: à medida que as crianças aprendem a viver nesse novo emocionar e a crescer nele, tornam-no o âmbito no qual seus próprios filhos viverão e aprenderão a viver a rede de conversações que constitui o novo modo de convivência. Nessa dinâmica, repetimos, a nova rede de conversações – que com a sucessão das gerações constituirá a nova cultura, no devir de uma comunidade (família) – não surge nem se mantém por ser melhor, mais eficiente, superior ou mais vantajosa do que a anterior. Ela se conserva porque se manteve por meio das circunstâncias específicas do modo de viver dessa comunidade; e por isso o viver da comunidade se torna dependente dessa rede.

Diante do exposto, ao tentar compreender como surgiu o patriarcado europeu – ao qual hoje pertencemos como cultura –, o que fazemos é observar as circunstâncias de vida que tornaram possíveis as mudanças no emocionar. Estas, ao mesmo tempo em que geraram o modo de viver patriarcal, constituíram a dinâmica relacional sistêmica que levou à sua conservação – geração após geração – independentemente das consequências por ele produzidas.

Ao fazer isso – repetimos mais uma vez –, não estamos falando de forças, pressões, vantagens ou outros fatores frequentemente utilizados como argumentos para explicar a direcionalidade do porvir histórico. Em nosso entender, tais noções não se aplicam à dinâmica sistêmica das mudanças e da conservação das culturas. Assim, ao falar da origem do patriarcado, mostramos que ele é um modo de emocionar que pode ser vivido de muitas formas. Se não reconhecermos esse aspecto, podemos confundi-lo com símbolos, ideias, instituições ou comportamentos específicos. Desse modo, permaneceremos insensíveis ao que acontece na infância, e não perceberemos que é a vivência das emoções aprendida pelas crianças que leva à conservação do patriarcado como modo de emocionar.

Ao apresentar os ensaios contidos neste livro, convidamos os leitores a percorrer um caminho reflexivo, que pode levá-los a perceber que consideramos que a relação materno-infantil é um fenômeno biológico humano que envolve a mãe não como mulher, mas como um adulto numa relação de cuidado. Nessas condições, tanto a mulher quanto o homem estão, em igualdade de condições, biologicamente dotados.

Desse modo, convidamos o leitor a dar-se conta de que a maternidade é uma relação de cuidado, não uma tarefa associada ao sexo.

Há mais. O leitor também está convidado a perceber que, em nosso entender, a sexualidade humana é um aspecto do viver relacional, corporal e espiritual, que surge a partir da biologia como um elemento fundamental na harmonia amorosa de convivência no coemocionar. A reprodução é um fenômeno ocasional, que pode ser evitado. Nesse contexto, as consequências fundamentais da sexualidade humana são laços de intimidade sensual e visionária, prazer na convivência, ternura, cuidado com o outro. Constituem também uma coexistência amorosa e estética, num modo de conviver no qual o cuidado com as crianças pode surgir como um prazer sensual e espiritual, quando se leva a vida como uma escolha e não como um dever.

Nós o convidamos também a perceber que, segundo pensamos, para que aconteça o que acaba de ser dito, a relação materno-infantil tem de ser vivida no brincar, numa intimidade corporal baseada na total confiança e aceitação mútuas, e não no controle e na exigência. Essa maneira de viver abre as comportas para estender a vida matrística da infância à vida adulta.

Por fim, este livro, na qualidade de convite à reflexão sobre os fundamentos de nossa história cultural – num olhar destinado a expandir a compreensão do humano –, é também um convite à participação responsável na modulação dessa história de acordo com o modo como desejamos viver, antes de viver conforme pensamos que deveríamos fazê-lo. Em última análise, é segundo o modo como vivemos nosso emocionar – e em particular nossos desejos –, e não de acordo com o nosso raciocínio, que viverão nossos filhos no mundo que geraremos – eles e nós – ao nos transformar, construindo assim a história em nosso viver.

Algumas palavras sobre nossa biologia. Nada pode acontecer em nós – ou acontecer a nós, humanos – que não seja permitido por nossa biologia; ao mesmo tempo, ela não determina o que nos acontece ao longo da vida. Para que algo ocorra num ser vivo, deve haver história, ou seja, deve haver um devir desse ser vivo num âmbito de interações que é operacionalmente independente dele. É por isso que, num sentido estrito, não se pode falar em determinismo biológico. Nós, seres humanos, somos entes biológicos (*Homo sapiens sapiens*) que existem num espaço biológico cultural. Na qualidade de entidades biológicas, nós, homens e mulheres, somos, em termos sexuais, classes diferentes de animais. Essa diferença, contudo, não determina como nos distinguimos ou deveríamos nos distinguir culturalmente como homens e mulheres, já que como entidades biológicas e culturais somos seres humanos iguais. Isto é, somos igualmente capazes de tudo o que é humano.

As diferenças de gênero (masculino e feminino) são somente formas culturais específicas de vida, redes específicas de conversações. É por isso que os diferentes valores que nossa cultura patriarcal confere às diferenças de gênero não têm fundamento biológico. Em outras palavras, as distinções sexuais entre homem e mulher são biológicas, mas o modo como as vivemos é um fenômeno cultural; e assim, tais diferenças, próprias de nossa cultura patriarcal, referem-se ao modo como vivemos culturalmente nossa diversidade biológica, a partir de um fundamento de igualdade em nosso ser biológico cultural.

Além disso, a igualdade entre homem e mulher, no ser biológico cultural, não nega as distinções biológicas entre os sexos masculino e feminino. Entender isso é fundamental para a compreensão das consequências possíveis dos diversos modos culturais de viver. Dessa forma, não podemos ignorar que, assim como a história cultural segue o caminho da maneira de viver que se conserva, esta, numa cultura, guia o curso que a biologia segue na história e o modo como ela se transforma segundo esse viver.

A humanidade começou há mais ou menos três milhões de anos com a conservação – geração após geração – de um modo de viver em conversações que envolviam a colaboração dos sexos na vida cotidiana, por meio do compartilhamento de alimentos, da ternura e da sensualidade. Tudo isso ocorreu sem reflexões, como aspectos naturais desse modo de vida. Nossa biologia atual é o presente dessa história.

Falemos um pouco mais sobre nosso ser biológico cultural. Colaboração não quer dizer obediência; ela ocorre na realização espontânea de comportamentos coerentes de dois ou mais seres vivos. Nessas circunstâncias, a colaboração é um fenômeno puramente biológico quando não implica um acordo prévio. Quando o faz, é um fenômeno humano. Ela surge de um desejo espontâneo, que leva a uma ação que resulta combinada a partir do prazer. Na colaboração não há divisão de trabalho. A emoção implícita na divisão do trabalho é a obediência. Desse modo, a maior parte da história do humano deve ter transcorrido na colaboração dos sexos, não na divisão do trabalho que hoje vivemos em nossa cultura patriarcal, como separação sexual dos afazeres. Em outras palavras, é a emoção, sob a qual fazemos o que fazemos como homens e mulheres, que torna ou não o afazer uma atividade associada ao gênero masculino ou feminino, segundo a separação valorativa própria de nossa cultura patriarcal, que nega a colaboração.

Neste livro, falamos do que acontece nas relações materno-infantis como uma atividade independente do gênero. Isto é, falamos do que os estudos de um de nós (Verden-Zöller, 1978, 1979 e 1982) revelam sobre a biologia da humanização, embora o humano seja uma condição cultural. Contudo, ao mesmo tempo fazemos isso mostrando o que implica tornar-se um ser humano socialmente integrado como um fenômeno biológico num viver social que é cultural. Em outras palavras, revelamos as condições biológicas do processo de humanização em qualquer cultura, permitindo perceber que o tipo de ser humano que nos tornamos, em cada caso, é algo próprio da cultura em que crescemos.

Não estamos biologicamente obrigados a nos tornar seres humanos de um ou de outro tipo. Não podemos predeterminar que uma criança cresça como um ser que viva em respeito por si mesma e pelo outro, chegando a ser um adulto socialmente responsável. Não podemos fazer isso especificando alguns aspectos do meio que controlarão seu desenvolvimento desde o começo de sua vida, e obrigá-la a conduzir-se desse modo.

Tampouco podemos, ao restringir de uma forma ou de outra a conduta de uma criança, forçá-la a tornar-se um adulto que viva em autorrespeito e respeito pelo outro. O respeito forçado nega a si próprio. A criança deve viver na dignidade de ser respeitada e respeitar o outro para que chegue a ser um adulto com o mesmo comportamento, vivendo como um ser com responsabilidade social, qualquer que seja o tipo de vida que lhe caiba. E sabemos, com base no trabalho apresentado neste livro, que para isso acontecer é preciso respeitar a biologia da relação materno-infantil. Ou – o que é a mesma coisa – que meninos e meninas devem crescer na biologia do amor, e não na biologia da exigência e da obediência.

Entretanto, ao compreender a relação materno-infantil, devemos entender que uma mulher não precisa ter filhos para ser mulher, e um homem não necessita participar na procriação de uma criança para ser um homem. A maternidade, seja ela feminina ou masculina, é um fenômeno cultural, que pode ou não ser vivido em coerência com seus fundamentos biológicos; e as consequências são diferentes em cada caso. Contudo, dado que a maternidade é um fenômeno cultural, a procriação está aberta à escolha. Assim sendo, podemos ou não vivê-la segundo nossa opção, e ser culturalmente responsáveis a seu respeito.

Agora falemos um pouco sobre a subordinação da mulher ao homem em nossa cultura patriarcal. Não pensamos que aquilo que define ou constitui o patriarcado seja a relação de submissão ou subordinação da mulher ao homem. Portanto, não acreditamos que tal relação seja primária, na origem do patriarcado.

A nosso ver, o emocionar que constitui a apropriação (impedir o acesso normal de outro ser a algo que lhe é naturalmente legítimo) do poder e da obediência do outro (negação de si mesmo e do outro, em troca da conservação de algo), da hierarquia e da autoridade (negação do outro e de si mesmo, aceita diante de um argumento transcendental de caráter racional, espiritual ou místico), da amizade e da inimizade, junto com o desejo de controle (negação do outro pela falta de confiança), deve ter-se estabelecido como um aspecto da maneira cotidiana de viver antes que as mulheres pudessem ser submetidas e escravizadas no meio patriarcal, de modo que seus filhos viessem a tornar-se adultos que aceitassem a escravização de suas mães como algo natural.

Fazer algo pelo outro ou para ele não constitui subordinação ou servidão. É a emoção sob a qual se faz ou se recebe o que é feito que transforma esse fazer numa coisa ou noutra. Os europeus e ocidentais modernos pensam e falam com base na cultura patriarcal a que pertencem. Pensam e falam com base no espaço psíquico patriarcal; e o resultado é que para eles não é fácil ver as outras culturas em seus próprios termos. Por isso – e como pessoas patriarcais –, não podemos imaginar a separação das atividades do homem e da mulher como algo diferente daquilo que evoca a noção de divisão do trabalho como ideia patriarcal. Ela se usa, em geral, para justificar a subordinação de um ser humano a outro e, em particular, para justificar a subordinação da mulher ao homem, sob o argumento dos papéis masculino e feminino.

Descrevemos as atividades masculinas e femininas de outras culturas com o discurso da divisão do trabalho de nossa cultura patriarcal. Da mesma maneira, vivemos, na maior parte das vezes, as relações entre homens e mulheres de outras culturas como vivemos a divisão do trabalho de ambos os gêneros em nossa cultura patriarcal, seja qual for o emocionar deles e delas. Há mais. Sabemos que o respeito por si mesmo e pelo outro surgem nas relações de aceitação mútua e no encontro corporal, no âmbito de uma confiança mútua e total. Neste livro, mostramos que o abuso (uso forçado) e a mutilação do corpo de uma pessoa por outra viola essa confiança fundamental. Isso destrói, na pessoa atingida, o respeito por si mesma e sua possibilidade de participar na dinâmica do respeito mútuo, que constitui a coexistência social.

A perda do respeito por si mesmo e pelo outro, envolvida em tais ações, destrói a identidade social e a dignidade individual de um ser humano como aspectos de sua dinâmica biológica. Surge assim uma desolação, que só se pode curar por meio da recuperação do respeito por si mesmo e pelo outro, na mesma ou em outra comunidade humana. A destruição do autorrespeito por meio do abuso corporal resulta na aceitação de uma situação de subordinação por parte de quem é abusado. Contudo, para que ocorra a aceitação da subordinação como relação legítima, tanto pelo abusador quanto por sua vítima, ambos devem viver no espaço psíquico da apropriação.

Afirmamos que tal maneira de viver, em nossa cultura ocidental, surgiu com o patriarcado da maneira que propomos neste livro, isto é, com o estabelecimento da vida pastoril. Também acreditamos que aquilo que as mulheres aceitaram como condição legítima de convivência – a dominação e o abuso por parte do homem como patriarca – e que passou a ser a principal fonte de servidão e escravidão em nossa cultura é uma consequência da expansão do espaço psíquico do patriarcado, por meio da apropriação das mulheres patriarcais e não patriarcais na guerra, e sua subordinação mediante a sexualidade e o trabalho forçados.

Em outras palavras, acreditamos que, por meio do emocionar da apropriação, o patriarcado criou o espaço psíquico que tornou possível a destruição da colaboração fundamental de homens e mulheres, própria da vida matrística. Também cremos que a servidão e a escravidão da mulher surgiram de fato na expansão do patriarcado, na guerra e na pirataria resultantes do crescimento da população. Tal crescimento trouxe consigo a valorização da procriação por ele implicado. Pensamos ainda – e propomos neste texto – que a servidão e a escravidão da mulher são secundárias ao patriarcado, e não fatores de geração deste.

No entanto, qual é a temporalidade da mudança cultural? Ela pode ser rápida ou lenta. Seu tempo não pode ser especificado *a priori*. As mudanças culturais só acontecem quando ocorre uma modificação no emocionar que assegure a conservação da nova rede de conversações que constitui a nova cultura. Como isso acontece? Há variações segundo as distintas circunstâncias históricas, mas a conservação do novo emocionar deve ocorrer por meio das crianças da comunidade. Dessa maneira, o modo como vivemos com nossas crianças é, ao mesmo tempo, a fonte e o fundamento da mudança cultural e o mecanismo que assegura a conservação da cultura que se vive.

Nós, seres humanos, existimos num domínio relacional que constitui nosso espaço psíquico como o âmbito operacional no qual todo o nosso viver biológico, toda a nossa fisiologia fazem sentido como forma de viver humano. O espaço psíquico é o domínio em que ocorre a existência humana como modo de relacionamento com os outros e consigo mesmo. Esse relacionamento acontece entre seres que existem no conversar. Com efeito, aprendemos a viver como humanos vivendo em tal espaço a multidimensionalidade do viver humano. Como dissemos, não se ensina às crianças o espaço psíquico de sua cultura – elas se formam nesse espaço.

O patriarcado é um modo de viver um espaço psíquico. Se quisermos recuperar a igualdade colaborativa da relação homem-mulher da vida matrística, temos de gerar um espaço psíquico neomatrístico. Nele as pessoas de ambos os sexos devem surgir na qualidade de colaboradores iguais no viver de fato, sem esforço, como simples resultado de seu crescimento como crianças em tal espaço, no qual as diferenças de sexo são apenas o que são. Para que isso aconteça, devemos viver à maneira dos homens e mulheres que vivem como colaboradores iguais, por meio de uma coinspiração na qual homens e mulheres, mulheres e homens, coparticipam da criação de uma convivência mutuamente acolhedora e liberadora, que se prolonga desde a infância até a vida adulta.

Humberto R. Maturana – Gerda Verden-Zöller

Referências bibliográficas

MATURANA, H. R. "Biology of Language: The Epistemology of Reality". In: *Psychology and Biology of Language and Thought*, p. 27-63. Editado por George A. Miller e Elizabeth Lennenerg, 1978.

_____. "Ontología del Conversar". *Revista Terapia Psicológica* 7 (10), p. 15-21, Santiago, Chile, 1988.

_____. "Lenguage y Realidad: El Origen de lo Humano". *Arch. Biol. Med. Exp.*, (22), p. 77-81, 1989.

VERDEN-ZÖLLER, G. *Materialien zur Gabi-Studie*. Universität Bibliothek Salzburg, Wien, 1978.

_____. *Der Imaginäre Raum*. Universität Bibliothek Salzburg, Wien, 1979.

_____. "Feldforschungsbericht: Das Wolfstein-Passauer-Mutter-Kind--Modell. Einführung in die Ökopsychologie der frühen Kindheit". *Archiv des Bayerischen Staatsministeriums für Arbeit und Sozialordnung*, München, 1982.

CONVERSAÇÕES MATRÍSTICAS E PATRIARCAIS

Humberto R. Maturana

O termo "matrístico" é usado no título e no texto deste capítulo com o propósito de conotar uma situação cultural na qual a mulher tem uma presença mística, que implica a coerência sistêmica acolhedora e liberadora do maternal fora do autoritário e do hierárquico. A palavra "matrístico", portanto, é o contrário de "matriarcal", que significa o mesmo que o termo "patriarcal", numa cultura na qual as mulheres têm o papel dominante. Em outras palavras – e como se verá ao longo deste capítulo –, a expressão "matrística" é aqui usada intencionalmente para designar uma cultura na qual homens e mulheres podem participar de um modo de vida centrado em uma cooperação não hierárquica. Tal ocorre precisamente porque a figura feminina representa a consciência não hierárquica do mundo natural a que nós, seres humanos, pertencemos, numa relação de participação e confiança, e não de controle e autoridade, e na qual a vida cotidiana é vivida numa coerência não hierárquica com todos os seres vivos, mesmo na relação predador-presa.

Conteúdo

APRESENTAÇÃO 29

INTRODUÇÃO 29

O QUE É CULTURA? 30

MUDANÇA CULTURAL 34

CULTURA MATRÍSTICA E CULTURA PATRIARCAL 35

    Cultura patriarcal 37

    Cultura matrística 39

O EMOCIONAR 42

    O emocionar patriarcal 43

    O emocionar matrístico 45

ORIGEM DO PATRIARCADO 49

A DEMOCRACIA 86

    Origem 86

    Ciência e filosofia 91

    A democracia hoje 95

REFLEXÕES ÉTICAS FINAIS 104

Apresentação

Este ensaio é o resultado de várias, inspiradas e iluminadoras conversas que tive com Gerda Verden-Zöller, nas quais aprendi muito sobre a relação materno-infantil e comecei a perguntar-me sobre a participação da mudança emocional na transformação cultural. Mas isso não é tudo. Essas conversas levaram-me também a considerar as relações homem-mulher de uma maneira independente das particularidades da perspectiva patriarcal, e a perceber como elas surgem na constituição do espaço relacional da criança em crescimento. Por tudo isso, agradeço-lhe e reconheço sua participação na origem de muitas das ideias contidas neste trabalho.

Introdução

Este ensaio é um convite a uma reflexão sobre a espécie de mundo em que vivemos, e a fazê-lo por meio do exame dos fundamentos emocionais do nosso viver. A vida humana, como toda vida animal, é vivida no fluxo emocional que constitui, a cada instante, o cenário básico a partir do qual surgem nossas ações. Além disso, creio que são nossas emoções (desejos, preferências, medos, ambições...) – e não a razão – que determinam, a cada momento, o que fazemos ou deixamos de fazer. Cada vez que afirmamos que nossa conduta é racional, os argumentos que esgrimimos nessa afirmação ocultam os fundamentos emocionais em que ela se apoia, assim como aqueles a partir dos quais surge nosso suposto comportamento racional.

Ao mesmo tempo, penso que os membros de diferentes culturas vivem, movem-se e agem de maneira distinta, conduzidos por configurações diferentes em seu emocionar. Estas determinam neles vários modos de ver e não ver, distintos significados do que fazem ou não fazem, diversos conteúdos em suas simbolizações e diferentes cursos em seu pensar, como modos distintos de viver. Por isso mesmo, também creio que são os variados modos de emocionar das culturas o que de fato as torna diferentes como âmbitos de vida diversos.

Por fim, considero que, se levarmos em conta os fundamentos emocionais de nossa cultura – seja ela qual for –, poderemos entender melhor o que fazemos ou não fazemos como seus membros. E, ao percebermos os fundamentos emocionais do nosso ser cultural, talvez possamos também deixar que o entendimento e a percepção influenciem nossas ações ao mudarmos nosso emocionar em relação ao nosso ser cultural.

O que é cultura?

Nós, humanos, surgimos na história da família dos primatas bípedes à qual pertencemos quando o linguajear – como maneira de conviver em coordenações de coordenações comportamentais consensuais – deixou de ser um fenômeno ocasional. Ao conservar-se, geração após geração, num grupo humano, ele se tornou parte central da maneira de viver que definiu dali por diante a nossa linhagem. Ou seja – e dito de modo mais preciso –, penso que a linhagem a que pertencemos como seres humanos surgiu quando a prática da convivência em coordenações de coordenações comportamentais consensuais – que constitui o linguajar – passou a ser conservada de maneira transgeracional pelas formas juvenis desse grupo de primatas, ao ser aprendida, geração após geração, como parte da prática cotidiana de convívio.

Além disso penso que, ao surgir como um modo de operar na convivência, o linguajar apareceu necessariamente entrelaçado com o emocionar. Constituiu-se então de fato o viver na linguagem, a convivência em coordenações de coordenações de ações e emoções que chamo de conversar (Maturana, 1988). Por isso penso que, num sentido estrito, o humano surgiu quando nossos ancestrais começaram a viver no conversar como uma maneira cotidiana de vida que se conservou, geração após geração, pela aprendizagem dos filhos.

Também penso que, ao aparecer o humano – na conservação transgeracional do viver no conversar –, todas as atividades humanas surgiram como conversações (redes de coordenações de coordenações comportamentais consensuais entrelaçadas com o emocionar). Portanto, todo o viver humano consiste na convivência em conversações e redes de conversações. Em outras palavras, digo que o que nos constitui como seres humanos é nossa existência no conversar.

Todas as atividades e afazeres humanos ocorrem como conversações e redes de conversações. Aquilo que um observador diz que um *Homo sapiens* faz fora do conversar não é uma atividade ou um afazer tipicamente humano. Assim, caçar, pescar, guardar um rebanho, cuidar das crianças, a veneração, a construção de casas, a fabricação de tijolos, a medicina..., como atividades humanas, são diferentes classes de conversações. Consistem em distintas redes de coordenações de coordenações consensuais de ações e emoções.

Na história da humanidade, as emoções preexistem à linguagem porque, como modos distintos de mover-se na relação, são constitutivas do animal. Cada vez que distinguimos uma emoção em nós mesmos ou em um animal, fazemos uma apreciação das ações possíveis desse ser. As diversas palavras que usamos para referir-nos a distintas emoções denominam, respectivamente, os domínios de ações em que nós ou os outros animais nos movemos ou podemos mover-nos.

Assim, ao falar de amor, medo, vergonha, inveja, nojo... conotamos domínios de ações diferentes, e advogamos que cada um deles – animal ou pessoa – só pode fazer certas coisas e não outras. Com efeito, sustento que a emoção define a ação. Falando num sentido biológico estrito, o que conotamos ao falar de emoções são distintas disposições corporais dinâmicas que especificam, a cada instante, que espécie de ação é um determinado movimento ou uma certa conduta. Nessa ordem de ideias, mantenho que é a emoção sob a qual ocorre ou se recebe um comportamento ou um gesto que faz deles uma ação ou outra; um convite ou uma ameaça, por exemplo.

Daí se segue que, se quisermos compreender o que acontece em qualquer conversação, é necessário identificar a emoção que especifica o domínio de ações no qual ocorrem as coordenações de coordenações de ações que tal conversação implica. Portanto, para entender o que acontece numa conversação, é preciso prestar atenção ao entrelaçamento do emocionar e do linguajear nela implicado.

Além disso, temos de fazê-lo percebendo que o linguajear ocorre, a cada instante, como parte de uma conversação em progresso, ou surge sobre um emocionar já presente. Como resultado, o significado das palavras – isto é, as coordenações de ações e emoções que elas implicam como elementos, no fluxo do conversar a que pertencem – muda com o fluir do emocionar. E vice-versa: o fluxo do emocionar muda com o fluir das coordenações de ações. Portanto, ao mudar o significado das palavras, modifica-se o fluxo do emocionar.

Por causa do contínuo entrelaçamento do linguajear e do emocionar que implica o conversar, as conversações recorrentes estabilizam o emocionar que elas implicam. Ao mesmo tempo, devido a esse mesmo entrelaçamento do linguajear com o emocionar, mudanças nas circunstâncias do viver que modificam o conversar implicam alterações no fluir do emocionar, tanto quanto no fluxo das coordenações de ações daqueles que participam dessas conversações.

Pois bem: o que é cultura, segundo essa perspectiva?

Sustento que aquilo que conotamos na vida cotidiana, quando falamos de cultura ou de assuntos culturais, é uma rede fechada de conversações que constitui e define uma maneira de convivência humana como uma rede de coordenações de emoções e ações. Esta se realiza como uma configuração especial de entrelaçamento do atuar com o emocionar da gente que vive essa cultura. Desse modo, cultura é, constitutivamente, um sistema conservador fechado que gera seus membros à medida que eles a realizam por meio de sua participação nas conversações que a constituem e definem. Daí se segue, também, que nenhuma ação e emoção particulares definem uma cultura, porque esta, como rede de conversações, é uma configuração de coordenações de ações e emoções.

Por fim, de tudo isso resulta que diferentes culturas são redes distintas e fechadas de conversações que realizam outras tantas maneiras diversas de viver humano como variadas configurações de entrelaçamento do linguajear com o emocionar. Também se segue que uma mudança cultural é uma alteração na configuração do atuar e do emocionar dos membros de uma cultura. Como tal, ela ocorre como uma modificação na rede fechada de conversações que originalmente definia a cultura que se modifica.

Deveria ser aparente, pelo que acabo de dizer, que as bordas de uma cultura, como modo de vida, são operacionais. Surgem com seu estabelecimento. Ao mesmo tempo, deveria ser também aparente que a pertença a uma cultura é uma condição operacional, não uma condição constitutiva ou propriedade intrínseca dos seres humanos que a realizam. Qualquer ser humano pode pertencer a diferentes culturas em diversos momentos do seu viver, segundo as conversações das quais ele participa nesses momentos.

Mudança cultural

Se cultura, como modo humano de vida, é uma rede fechada de conversações, ela surge logo que uma comunidade humana começa a conservar uma rede especial de conversações como a maneira de viver dessa comunidade. Por outro lado, desaparece ou muda quando tal rede de conversações deixa de ser preservada.

Dito de outra forma: cultura – na qualidade de rede particular de conversações – é uma configuração especial de coordenações de coordenações de ações e emoções (um entrelaçamento específico do linguajear com o emocionar). Ela surge quando uma linguagem humana começa a conservar, geração após geração, uma nova rede de coordenações de coordenações de ações e emoções como sua maneira própria de viver. E desaparece ou se modifica quando a rede de conversações que a constitui deixa de se conservar. Assim, para entender a mudança cultural devemos ser capazes de caracterizar a rede fechada de conversações que – como prática cotidiana de coordenações de ações e emoções entre os membros de uma comunidade específica – constituem a cultura que vive tal comunidade. Devemos também reconhecer as condições de mudança emocional sob as quais as coordenações de ações de uma comunidade podem se modificar, de modo a que surja nela uma nova cultura.

Cultura matrística e cultura patriarcal

Considerarei agora dois casos específicos. Um é a cultura básica na qual nós, humanos ocidentais modernos, estamos imersos – a cultura patriarcal europeia. O outro é a cultura que, sabemos agora (Gimbutas, 1982 e 1991), a precedeu na Europa e que chamaremos de cultura matrística. Essas duas culturas constituem dois modos diferentes de viver as relações humanas. Segundo foi dito antes, as redes de conversação que as caracterizam realizam duas configurações de coordenações de coordenações de ações e emoções distintas, que abrangem todas as dimensões desse viver.

A seguir, descreverei essas duas culturas em termos bem mais coloquiais. Falarei do modo diferente de operar na vida cotidiana de seus membros no âmbito das relações humanas. Mas antes quero fazer algumas considerações sobre a vida cotidiana.

Penso que a história da humanidade seguiu e segue um curso determinado pelas emoções e, em particular, pelos desejos e preferências. São estes que, em qualquer momento, determinam o que fazemos ou deixamos de fazer, e não a disponibilidade do que hoje conotamos ao falar de recursos naturais ou oportunidades econômicas, os quais tratamos como condições do mundo cuja existência seria independente do nosso fazer. Nossos desejos e preferências surgem em nós a cada instante, no entrelaçamento de nossa biologia com nossa cultura e determinam, a cada momento, nossas ações. São eles, portanto, que definem, nesses instantes, o que constitui um recurso, o que é uma possibilidade ou aquilo que vemos como uma oportunidade.

Além disso, sustento que sempre agimos segundo nossos desejos, mesmo quando parece que atuamos contra algo ou forçados pelas circunstâncias; fazemos sempre o que queremos, seja de modo direto, porque gostamos de fazê-lo, ou indiretamente, porque queremos as consequências de nossas ações, mesmo que estas não nos agradem. Afirmo, ademais, que se não compreendermos isso não poderemos entender o nosso ser cultural. Se não compreendermos que nossas emoções constituem e guiam nossas ações na vida, não teremos elementos conceituais para entender a participação de nossas emoções no que fazemos como membros de uma cultura e, consequentemente, o curso de nossas ações nela. Também afirmo, por fim, que, se não entendermos que o curso das ações humanas segue o das emoções, não poderemos compreender a trajetória da história da humanidade.

Caracterizemos agora as culturas patriarcal e matrística, em termos das conversações fundamentais que as constituem, com base em como estas aparecem no que fazemos em nossa vida cotidiana.

Cultura patriarcal

Os aspectos puramente patriarcais da maneira de viver da cultura patriarcal europeia – à qual pertence grande parte da humanidade moderna, e que doravante chamarei de cultura patriarcal – constituem uma rede fechada de conversações. Esta se caracteriza pelas coordenações de ações e emoções que fazem de nossa vida cotidiana um modo de coexistência que valoriza a guerra, a competição, a luta, as hierarquias, a autoridade, o poder, a procriação, o crescimento, a apropriação de recursos e a justificação racional do controle e da dominação dos outros por meio da apropriação da verdade.

Assim, em nossa cultura patriarcal falamos de lutar contra a pobreza e o abuso, quando queremos corrigir o que chamamos de injustiças sociais; ou de combater a contaminação, quando falamos de limpar o meio ambiente; ou de enfrentar a agressão da natureza, quando nos encontramos diante de um fenômeno natural que constitui para nós um desastre; enfim, vivemos como se todos os nossos atos requeressem o uso da força, e como se cada ocasião para agir fosse um desafio.

Em nossa cultura patriarcal, vivemos na desconfiança e buscamos certezas em relação ao controle do mundo natural, dos outros seres humanos e de nós mesmos. Falamos continuamente em controlar nossa conduta e emoções. E fazemos muitas coisas para dominar a natureza ou o comportamento dos outros, com a intenção de neutralizar o que chamamos de forças antissociais e naturais destrutivas, que surgem de sua autonomia.

Em nossa cultura patriarcal, não aceitamos os desacordos como situações legítimas, que constituem pontos de partida para uma ação combinada diante de um propósito comum. Devemos convencer e corrigir uns aos outros. E somente toleramos o diferente confiando em que eventualmente poderemos levar o outro ao bom caminho – que é o nosso –, ou até que possamos eliminá-lo, sob a justificativa de que está equivocado.

Em nossa cultura patriarcal, vivemos na apropriação e agimos como se fosse legítimo estabelecer, pela força, limites que restringem a mobilidade dos outros em certas áreas de ação às quais eles tinham livre acesso antes de nossa apropriação. Além do mais, fazemos isso enquanto retemos para nós o privilégio de mover-nos livremente nessas áreas, justificando nossa apropriação delas por meio de argumentos fundados em princípios e verdades das quais também nos havíamos apropriado. Assim, falamos de recursos naturais, numa ação que nos torna insensíveis à negação do outro implícita em nosso desejo de apropriação.

Em nossa cultura patriarcal, repito, vivemos na desconfiança da autonomia dos outros. Apropriamo-nos o tempo todo do direito de decidir o que é ou não legítimo para eles, no contínuo propósito de controlar suas vidas. Em nossa cultura patriarcal, vivemos na hierarquia, que exige obediência. Afirmamos que uma coexistência ordenada requer autoridade e subordinação, superioridade e inferioridade, poder e debilidade ou submissão. E estamos sempre prontos para tratar todas as relações, humanas ou não, nesses termos. Assim, justificamos a competição, isto é, o encontro na negação mútua como a maneira de estabelecer a hierarquia dos privilégios, sob a afirmação de que a competição promove o progresso social, ao permitir que o melhor apareça e prospere.

Em nossa cultura patriarcal, estamos sempre prontos a tratar os desacordos como disputas ou lutas. Vemos os argumentos como armas, e descrevemos uma relação harmônica como pacífica, ou seja, como uma ausência de guerra – como se a guerra fosse a atividade humana mais fundamental.

Cultura matrística

A julgar pelos restos arqueológicos encontrados na área do Danúbio, nos Bálcãs e no Egeu (Gimbutas, 1982), a cultura matrística pré-patriarcal europeia deve ter sido definida por uma rede de conversações completamente diferente da patriarcal. Não temos acesso direto a tal cultura. Penso, porém, que a rede de conversações que a constituiu pode ser reconstruída pelo que se revela na vida cotidiana daqueles povos que ainda a vivem, e pelas conversações não patriarcais presentes nas malhas das redes de conversação patriarcais que constituem nossa cultura patriarcal de hoje.

Assim, acredito que devemos deduzir, com base nos restos arqueológicos acima mencionados, que os povos que viviam na Europa entre sete e cinco mil anos antes de Cristo eram agricultores e coletores. Tais povos não fortificavam seus povoados, não estabeleciam diferenças hierárquicas entre os túmulos dos homens e das mulheres, ou entre os túmulos dos homens, ou entre os túmulos das mulheres.

Também é possível notar que esses povos não usavam armas como adornos, e que naquilo que podemos supor que eram lugares cerimoniais místicos (de culto), depositavam principalmente figuras femininas. Mais ainda, desses restos arqueológicos podemos também deduzir que as atividades de culto (cerimoniais místicos) eram centradas no sagrado da vida cotidiana, num mundo penetrado pela harmonia da contínua transformação da natureza por meio da morte e do nascimento, abstraída como uma deusa biológica em forma de mulher, ou combinação de mulher e homem, ou de mulher e animal.

Como vivia esse povo matrístico? Os campos de cultivo e coleta não eram divididos. Nada mostra que permita falar de propriedade. Cada casa tinha um pequeno lugar cerimonial, além do local de cerimônias da comunidade. As mulheres e os homens se trajavam de modo muito similar, nas vestes que vemos nas pinturas murais minoicas de Creta. Tudo indica que viviam imbuídos do dinamismo harmônico da natureza, evocado e venerado sob a forma de uma deusa. Também usavam as fases da Lua, a metamorfose dos insetos e as diferentes peculiaridades da vida das plantas e animais, não para representar as características da deusa como um ser pessoal, mas sim para evocar essa harmonia. Para eles, toda a natureza deve ter sido uma contínua fonte de recordação de que todos os aspectos de sua própria vida compartilhavam a sua presença e estavam plenos de sacralidade.

Na ausência da dinâmica emocional da apropriação, esses povos não podem ter vivido na competição, pois as posses não eram elementos centrais de sua existência. Ademais, uma vez que sob a evocação da deusa-mãe os seres humanos eram, como todas as criaturas, expressões de sua presença – e portanto iguais, nenhum melhor do que o outro apesar de suas diferenças –, não podem ter vivido em ações que excluíssem sistematicamente algumas pessoas do bem-estar vindo da harmonia do mundo natural.

Por tudo isso, penso que o desejo de dominação recíproca não foi parte da vida cotidiana desses povos matrísticos. Esse viver deve ter sido centrado na estética sensual das tarefas diárias como atividades sagradas, com muito tempo disponível para contemplar a vida e viver o seu mundo sem urgência.

O respeito mútuo, não a negação suspensa da tolerância ou da competição oculta, deve ter sido o seu modo cotidiano de coexistência, nas múltiplas tarefas envolvidas na vida da comunidade. A vida numa rede harmônica de relações, como a que evoca a noção da deusa, não implica operações de controle ou concessões de poder por meio da autonegação da obediência.

Por fim, já que a deusa constituía, como foi dito, uma abstração da harmonia sistêmica do viver, a vida não pode ter estado centrada na justificação racional das ações que implicam a apropriação da verdade. Tudo era visível ante o olhar inocente e espontâneo daqueles que viviam, como algo constante e natural, na contínua dinâmica de transformação dos ciclos de nascimento e morte. A vida é conservadora. As culturas são sistemas conservadores, porque são os meios nos quais se criam aqueles que as constituem com seu viver ao tornar-se membros delas, porque crescem participando das conversações que as produzem.

Assim, as crianças dessa cultura matrística devem ter crescido nela com a mesma facilidade com que nossas crianças crescem em nossa cultura. Para elas, ser matrísticos na estética da harmonia da natureza deve ter sido natural e espontâneo. Não há dúvida de que possivelmente ocorreram ocasiões de dor, enfado e agressão. Mas elas, como cultura – diferentemente de nós –, não viviam a agressão, a luta e a competição como aspectos definidores de sua maneira de viver. A seu ver, cair na armadilha da agressão provavelmente foi, para dizer o mínimo, algo de mau gosto. (Eisler, 1990).

Com base nessa maneira de viver, podemos inferir que a rede de conversações que definia a cultura matrística não pode ter consistido em conversações de guerra, luta, negação mútua na competição, exclusão e apropriação, autoridade e obediência, poder e controle, o bom e o mau, tolerância e intolerância – e a justificação racional da agressão e do abuso. Ao contrário, é crível que as conversações de tal rede fossem de participação, inclusão, colaboração, compreensão, acordo, respeito e coinspiração.

Não há dúvida de que a presença dessas palavras, em nosso falar moderno, indica que as coordenações de ações e emoções que elas evocam ou conotam também nos pertencem nos dias de hoje, apesar de nossa vida agressiva. Contudo, em nossa cultura reservamos o seu uso para ocasiões especiais, porque elas não conotam, para a atualidade que vivemos, nosso modo geral de viver. Ou então as tratamos como se evocassem situações ideais e utópicas, mais adequadas para as crianças pequenas, do jardim de infância, do que para a vida séria dos adultos – a menos que as usemos nessa situação tão especial que é a democracia.

O emocionar

À medida que nos desenvolvemos como membros de uma cultura, crescemos numa rede de conversações, participando com os outros membros dela em uma contínua transformação consensual, que nos submerge numa maneira de viver que nos faz e nos parece espontaneamente natural. Ali, à proporção que adquirimos nossa identidade individual e consciência individual e social (Verden-Zöller, 1978, 1979, 1982), seguimos como algo natural o emocionar de nossas mães e dos adultos com quem convivemos, aprendendo a viver o fluxo emocional de nossa cultura, que torna todas as nossas ações, ações próprias dela.

Em outras palavras, nossas mães nos ensinam sem saber que o fazem, e aprendemos com elas, na inocência de um coexistir não refletido, o emocionar de sua cultura; e o fazemos simplesmente convivendo. O resultado é que, uma vez que crescemos como membros de uma dada cultura, tudo nela nos resulta adequado e evidente. Sem que percebamos, o fluir de nosso emocionar (de nossos desejos, preferências, aversões, aspirações, intenções, escolhas...) guia nossas ações nas circunstâncias mutantes de nossa vida, de maneira que todas as ações pertencem a essa cultura.

Insisto que isso simplesmente nos acontece e, a cada instante de nossa existência como membros de uma cultura, fazemos o que fazemos confiando em sua legitimidade, a menos que reflitamos... que é precisamente o que estamos fazendo neste momento. Agindo assim, embora só de um modo superficial, olhemos – tanto no emocionar da cultura patriarcal europeia como no da cultura matrística pré-patriarcal – para o fio básico das coordenações de ações e emoções que constituem as redes de conversação que as definem e estruturam como culturas diferentes.

O emocionar patriarcal

No entanto, ainda assim nossa cultura atual tem as suas próprias fontes de conflito, porque está fundamentada no fluir de um emocionar contraditório que nos leva ao sofrimento ou à reflexão. Com efeito, o crescimento da criança, em nossa cultura patriarcal europeia, passa por duas fases opostas.

A primeira ocorre na infância de meninos e meninas, embora eles entrem no processo de tornar-se humanos e crescer, como membros da cultura de suas mães, num viver centrado na biologia do amor como o domínio das ações que tornam o outro um legítimo outro em coexistência conosco. Trata-se de um viver que os adultos, com base na cultura patriarcal em que estão imersos, veem como um paraíso, um mundo irreal de confiança, tempo infinito e despreocupação.

A segunda fase começa quando a criança principia a viver uma vida centrada na luta e na apropriação, num jogo contínuo de relações de autoridade e subordinação. A criança vive a primeira fase de sua vida como uma dança prazerosa, na estética da coexistência harmônica própria da coerência sistêmica de um mundo que se configura com base na cooperação e no entendimento.

A segunda fase de sua vida, em nossa cultura patriarcal europeia, é vivida pela criança que nela entra – ou pelo adulto que ali já se encontra – como um contínuo esforço pela apropriação e controle da conduta dos outros, lutando sempre contra novos inimigos. Em especial, homens e mulheres entram na contínua negação recíproca de sua sensualidade e da sensualidade e ternura da convivência. Os emocionares que conduzem essas duas fases de nossa vida patriarcal europeia são tão contraditórios que se obscurecem mutuamente. O habitual é que o emocionar adulto predomine na vida adulta, até que a sempre presente legitimidade biológica do outro se torne patente.

Quando isso acontece, começamos a viver uma contradição emocional, que procuramos superar por meio do controle ou do autodomínio; ou transformando-a em literatura, escrevendo utopias; ou aceitando-a como uma oportunidade de refletir, que vivemos como um processo que nos leva a gerar um novo sistema de exigências dentro da mesma cultura patriarcal; ou a abandonar o mundo, refugiando-nos na desesperança; ou a de nos tornarmos neuróticos; ou viver uma vida matrística na biologia do amor.

O emocionar matrístico

Numa cultura matrística pré-patriarcal europeia, a primeira infância não pode ter sido muito diferente da infância em nossa cultura atual. Com efeito, penso que ela – como fundamento biológico do tornarmo-nos humanos ao crescer na linguagem – não pode ser muito diferente nas diversas culturas sem interferir no processo normal de socialização da criança.

A emoção que estrutura a coexistência social é o amor, ou seja, o domínio das ações que constituem o outro como um legítimo outro em coexistência. E nós, humanos, nos tornamos seres sociais desde nossa primeira infância, na intimidade da coexistência social com nossas mães. Assim, a criança que não vive sua primeira infância numa relação de total confiança e aceitação, num encontro corporal íntimo com sua mãe, não se desenvolve adequadamente como um ser social bem integrado (Verden-Zöller, 1978, 1979, 1982).

De fato, é a maneira em que se vive a infância – e a forma em que se passa da infância à vida adulta – na relação com a vida adulta de cada cultura que faz a diferença nas infâncias das distintas culturas. Por tudo o que sabemos das culturas matrísticas em diferentes partes do mundo, podemos supor que as crianças da cultura pré-patriarcal matrística europeia chegavam à vida adulta mergulhados no mesmo emocionar de sua infância. Isto é, na aceitação mútua e no compartilhamento, na cooperação, na participação, no autorrespeito e na dignidade, numa convivência social que surge e se constitui no viver em respeito por si mesmo e pelo outro.

No entanto, talvez se possa dizer algo mais. A vida adulta da cultura matrística pré-patriarcal europeia não pode ter sido vivida como uma contínua luta pela dominação e pelo poder, porque a vida não era centrada no controle e na apropriação. Se olharmos para as figuras cerimoniais da deusa matrística em suas várias formas, poderemos vê-la como uma presença, uma corporificação, um lembrete e uma evocação do reconhecimento da harmonia dinâmica da existência.

Descrições dela em termos de poder, autoridade ou dominação não se aplicam, pois revelam uma visão patriarcal da deusa. Há figuras que a mostram, antes da cultura patriarcal, como uma mulher nua com traços de pássaros ou serpentes – ou simplesmente como um corpo feminino exuberante ou volumoso, com pescoço e cabeça com características fálicas, ou então sem rosto e com as mãos apenas sugeridas. Tais figuras revelam, segundo penso, a ligação e a harmonia da existência de um viver que não estava centrado na manipulação nem na reafirmação do ego.

Na cultura matrística pré-patriarcal europeia, a vida humana só pode ter sido vivida como parte de uma rede de processos cuja harmonia não dependia exclusiva ou primariamente de nenhum processo particular. Assim, o pensamento humano talvez tenha sido naturalmente sistêmico, lidando com um mundo em que nada existia em si ou por si mesmo, no qual tudo era o que era em suas conexões com tudo mais. As crianças provavelmente cresceram e alcançaram a vida adulta com ou sem ritos de iniciação, chegando a um mundo mais complexo que o pertinente à sua infância, com novas atividades e responsabilidades, à medida que seu mundo se expandia. Mas sempre na participação feliz de um mundo que estava totalmente presente em qualquer aspecto de seu viver.

Além disso, os povos matrísticos europeus pré-patriarcais devem ter vivido uma vida de responsabilidade total, na consciência de pertença a um mundo natural. A responsabilidade ocorre quando se está consciente das consequências das próprias ações e quando se age aceitando-as. Isso inevitavelmente acontece quando uma pessoa se reconhece como parte intrínseca do mundo em que vive.

O pensamento patriarcal é essencialmente linear, ocorre num contexto de apropriação e controle, e flui orientado primariamente para a obtenção de algum resultado particular porque não observa as interações básicas da existência. Por isso, o pensamento patriarcal é sistematicamente irresponsável. O pensamento matrístico, ao contrário, ocorre num contexto de consciência da interligação de toda a existência. Portanto, não pode senão viver continuamente no entendimento implícito de que todas as ações humanas têm sempre consequências na totalidade da existência.

Por conseguinte, conforme a criança tornava-se adulta na cultura matrística pré-patriarcal europeia, ela deve ter vivido em contínua expansão da mesma maneira de viver: harmonia na convivência, participação e inclusão num mundo e numa vida que estavam de modo permanente sob seus cuidados e responsabilidade. Nada indica que a cultura matrística europeia pré-patriarcal tenha vivido com uma contradição interna, como a que vivemos em nossa atual cultura patriarcal europeia.

A deusa não constituía um poder, nem era um governante dos distintos aspectos da natureza, que devia ser obedecida na autonegação, como podemos nos inclinar a pensar, baseados na perspectiva de nosso modo patriarcal de viver, centrado na autoridade e na dominação. No povo matrístico pré-patriarcal europeu, ela era a corporificação de uma evocação mística do reconhecimento da coerência sistêmica natural que existe entre todas as coisas, bem como de sua abundância harmônica. E os ritos realizados em relação a ela provavelmente foram vividos como lembretes místicos da contínua participação e responsabilidade humana na conservação dessa harmonia.

O sexo e o corpo eram aspectos naturais da vida, e não fontes de vergonha ou obscenidade. E a sexualidade deve ter sido vivida na interligação da existência. Não primariamente como uma fonte de procriação, mas sim como uma vertente de prazer, sensualidade e ternura, na estética da harmonia de um viver no qual a presença de tudo era legitimada por meio de sua participação na totalidade. As relações humanas não eram de controle ou dominação, e sim de congruência e cooperação, não para realizar um grande projeto cósmico, mas sim um viver interligado, no qual a estética e a sensualidade eram a sua expressão normal.

Para esse modo de vida, uma dor ocasional, um sofrimento circunstancial, uma morte inesperada, um desastre natural, eram rupturas da harmonia normal da existência. Eram também chamadas de atenção diante de uma distorção sistêmica, que surgia por causa de uma falta de visão humana que punha em perigo toda a existência.

Viver dessa maneira requer uma abertura emocional para a legitimidade da multidimensionalidade da existência que só pode ser proporcionada pela biologia do amor. A vida matrística europeia pré-patriarcal estava centrada no amor, como a própria origem da humanidade, e nela a agressão e a competição eram fenômenos ocasionais, não modos cotidianos de vida.

Origem do patriarcado

A cultura matrística europeia pré-patriarcal estava centrada no amor e na estética, na consciência da harmonia espontânea de todo o vivo e do não vivo, em seu fluxo contínuo de ciclos entrelaçados de transformação de vida e morte. Mas se assim era, como pôde surgir a cultura patriarcal, centrada na apropriação, hierarquia, inimizade, guerra, luta, obediência, dominação e controle?

A arqueologia nos mostra que a cultura pré-patriarcal europeia foi brutalmente destruída por povos pastores patriarcais, que hoje chamamos de indo-europeus e que vieram do Leste, há cerca de sete ou seis mil anos. De acordo com essas evidências, o patriarcado não se originou na Europa. Quando o patriarcado indo-europeu invadiu a Europa, transformou-se em patriarcado europeu por meio de seus encontros com as culturas matrísticas lá preexistentes. Em outras palavras, o patriarcado foi trazido à Europa por povos invasores, cujos ancestrais haviam-se tornado patriarcais no curso de sua própria história de mudanças culturais em alguma outra parte, de maneira independente das culturas matrísticas europeias. Nesta seção, meu propósito é refletir sobre como ocorreram as mudanças culturais que deram origem ao patriarcado em nossos ancestrais indo-europeus.

Como disse antes, penso que uma cultura é uma rede fechada de conversações, conservada como modo de viver num sistema de comunidades humanas. Para compreender como acontecem modificações culturais, é necessário olhar para as circunstâncias que podem ter originado uma mudança na rede de conversações que constitui a cultura em alteração. Foi também dito que, para que se produza uma transformação de cultura, deve mudar o emocionar fundamental que constitui os domínios de ações da rede de conversações que forma a cultura em transição. Foi dito, ainda, que sem modificação no emocionar não há mudança cultural.

Em outras palavras, acredito que para compreender como uma cultura específica pode ter se modificado, na história humana, devemos reconstruir o conjunto de circunstâncias sob as quais a nova configuração de emocionar que constitui os fundamentos da nova cultura pode ter começado a conservar-se de maneira transgeracional, como o fundamento de uma nova rede de conversações, numa comunidade humana específica que originalmente não a vivia. Tal comunidade pode ter sido tão pequena como uma família, e o novo emocionar não deve ter sido nada de especial como emocionar ocasional.

Com efeito, acho que na origem de uma nova cultura o novo emocionar surge como uma variação ocasional e trivial do emocionar cotidiano próprio da cultura antiga. Além do mais, creio que nesse processo a nova cultura surge quando a presença do novo emocionar contribui para a realização das condições que tornam possível a sua ocorrência no viver cotidiano. Como resultado disso, o novo emocionar começa a se conservar de maneira transgeracional como uma nova forma corrente de viver em comunidade, numa mudança que é aprendida de modo simples, pelos jovens e recém-chegados membros dessa comunidade.

Por fim – e em termos gerais –, uma linhagem, seja biológica ou cultural, se estabelece por meio da conservação transgeracional numa maneira de viver, à medida que esta é praticada de fato pelos jovens da comunidade. Assim, qualquer variação ocasional da forma de vida corrente de uma comunidade específica, que começa a ser conservada geração após geração, constitui uma mudança que dá origem a uma nova linhagem. Se esta persistirá ou não, depende evidentemente de outras circunstâncias, ligadas às consequências da manutenção da nova maneira de viver. Todavia, convém destacar – agora e em relação a isso – que o surgimento de uma nova linhagem só pode acontecer como uma variação da maneira de viver já estabelecida que, ao conservar-se de modo transgeracional, constitui e define a nova linhagem.

No caso particular das culturas como linhagens humanas de modos de convivência, só se produz uma modificação numa dada comunidade humana quando uma nova forma de viver como rede de conversações começa a se manter geração após geração. Isso acontece cada vez que uma configuração no emocionar – e portanto uma nova configuração no agir – principia a fazer parte da forma corrente de incorporação cultural das crianças de tal comunidade e estas aprendem a vivê-la.

Vejamos o que deve ter acontecido na transformação da maneira de viver que deu origem à cultura patriarcal indo-europeia, quando o emocionar fundamentou o que constituiu a forma típica de viver na apropriação, inimizade, hierarquias e controle, autoridade e obediência, vitória e derrota. Depois de surgir como um traço ocasional, no modo de vida de uma das comunidades ancestrais, esse emocionar começou a se manter, geração após geração, como um simples resultado da aprendizagem espontânea das crianças dessa comunidade. Imaginemos agora como isso pode de fato ter acontecido.

Entre os povos paleolíticos – fundamentalmente matrísticos – que viviam na Europa há mais de 20 mil anos, houve alguns que se tornaram sedentários, coletores e agricultores. Outros se movimentaram para o Leste até à Ásia, seguindo as migrações anuais de manadas de animais silvestres, como os lapões faziam com as renas até épocas recentes ou mesmo, talvez, ainda hoje. Essas comunidades humanas que seguiam os animais em suas migrações não eram pastoras, pois não eram proprietárias desses rebanhos. Não possuíam os animais dos quais viviam, porque não limitavam a mobilidade de tais rebanhos de modo a restringir significativamente o acesso a eles por outros animais – como os lobos –, que também se alimentavam de sua carne como parte da vida silvestre natural. Na ausência de tal restrição, os lobos permaneciam como comensais, com direitos inquestionados de alimentação, embora fossem ocasionalmente ameaçados para que fossem comer um pouco mais longe.

Em outras palavras, proponho que naqueles tempos remotos nossos ancestrais matrísticos, na origem do patriarcado, não eram pastores porque não restringiam o acesso de outros animais às manadas das quais eles próprios se alimentavam. Sugiro que não faziam isso porque o emocionar da apropriação não fazia parte de seu viver cotidiano. A criação de animais domésticos no lar implica uma maneira de viver completamente distinta do pastoreio, pois, entre outras coisas, é o cuidado e a atenção nas cercanias do lar – e não a apropriação – o emocionar que o define.

Portanto, sustento que a cultura do pastoreio, isto é, a rede de conversações que o constitui, surge quando os membros de uma comunidade humana, que vive seguindo alguma manada específica de animais migratórios, começa a restringir o acesso a eles de outros comensais naturais, como os lobos. E, além disso, que o fazem não apenas de modo ocasional, mas sim como prática cotidiana que se mantém de maneira transgeracional, por meio da aprendizagem corrente e espontânea das crianças que crescem nessa comunidade. Também afirmo que o pastoreio, como modo de vida, não pode ter surgido sem a mudança do emocionar que o tornou possível como maneira de viver, e que tal mudança no emocionar surgiu no próprio processo no qual se começou a viver dessa forma.

Em geral, não vemos essa interdependência entre a mudança no emocionar e a modificação cultural, porque não estamos habitualmente conscientes de que toda cultura, como uma rede de conversações, é um modo específico de entrelaçamento do linguajear e do emocionar. Também não é fácil para nós, humanos patriarcais modernos, compreender a mudança no emocionar implicada na adoção de novas maneiras de viver: estamos acostumados a explicar o que fazemos ou o que nos acontece com argumentos racionais, que excluem a perspectiva do emocionar. Mas não é raro observar que uma pessoa pode viver uma grande transformação em seu emocionar, em relação a alterações de seu modo de vida.

Com efeito, essas transformações no emocionar acontecem com frequência quando há mudanças no trabalho, na situação econômica ou no âmbito místico. Quando elas ocorrem, frequentemente se pensa que são consequência de mudanças no trabalho ou nas condições de vida. Penso que não é assim. Acredito que é a transformação no emocionar que possibilita as circunstâncias de vida nas quais acontece a alteração de trabalho, situação econômica ou vida mística. E quando tal ocorre, os dois processos – as novas maneiras de viver e de emocionar – acontecem daí em diante de tal forma que se implicam e se apoiam mutuamente.

Desse modo, acho que, se quisermos compreender como ocorreu uma mudança de cultura histórica, teremos de imaginar as condições de vida que tornaram possível a modificação no emocionar sob o qual se deu tal mudança, dando origem a uma rede de conversações que começou a se manter como resultado de sua própria realização.

Voltemos agora ao que creio ter acontecido na adoção do modo de vida pastoril por nossos ancestrais indo-europeus pré-patriarcais. O primeiro passo foi a operação inconsciente que constitui a apropriação, isto é, o estabelecimento de um limite operacional que negou aos lobos o acesso a seu alimento natural, que eram os animais da mesma manada da qual vivia a família que começou tal exclusão. A implementação do limite operacional cedo ou tarde levou à morte dos lobos. Matar um animal não era, seguramente, uma novidade para nossos ancestrais. O caçador tira a vida do animal que irá comer. Contudo, fazer isso e matar um animal restringindo-lhe o acesso a seu alimento natural – e agir assim de modo sistemático – são ações que surgem sob emoções diferentes. No primeiro caso, o caçador realiza um ato sagrado, próprio das coerências do viver no qual uma vida é tirada para que outra possa continuar. No segundo caso, aquele que mata o faz dirigindo-se diretamente à eliminação da vida do animal que mata. Essa matança não é um caso no qual uma vida é tirada para que outra possa prosseguir; aqui, uma vida é suprimida para conservar uma propriedade, que fica definida como tal nesse mesmo ato.

As emoções que tornam essas duas atitudes completamente diferentes são de todo opostas. Na primeira circunstância o animal caçado é um ser sagrado, que é morto como parte do equilíbrio da existência; aqui, o caçador que tira a vida do animal caçado fica agradecido. Na segunda alternativa, o animal cuja vida se tira é uma ameaça à ordem artificial, criada em seu ato pela pessoa que se transforma em pastor. Nessa situação, ela fica orgulhosa. Doravante, falarei em caçada apenas para referir-me ao primeiro caso. Na segunda hipótese, falarei em matar ou assassinar. Entretanto, note-se que tão logo as emoções que constituem essas duas ações se tornam aparentes, também fica claro que, na ação de caça, o animal caçado é um amigo, enquanto na ação de matar, o animal morto é um inimigo.

Com efeito, acho que com a origem do pastoreio surgiu o inimigo – aquele cuja vida a pessoa que se torna um pastor quer destruir para assegurar a nova ordem que se instaura por meio desse ato, que configura a defesa de algo que se transforma em propriedade nessa mesma atitude de defesa. Ou seja: mantenho que a vida pastoril de nossos ancestrais surgiu quando uma família que vivia seguindo os movimentos livres de alguma manada silvestre adotou o hábito de impedir a outros animais – que eram comensais naturais – seu livre acesso à dita manada. Em tal processo, esse hábito se transformou numa característica conservada de modo transgeracional, como forma de vida cotidiana dessa família.

Além disso, sustento que a adoção desse hábito numa família deve ter comportado, como um traço desse mesmo processo, mudanças adicionais no emocionar. Estas a levaram a incluir, juntamente com o emocionar da apropriação, outras emoções, como a inimizade; a valorização da procriação, bem como a associação da sexualidade das mulheres a esta; o controle da sexualidade das mulheres como procriadoras pelo patriarca e o controle da sexualidade do homem pela mulher como propriedade; a valorização das hierarquias e a obediência como características intrínsecas da rede de conversações que constituiu o modo pastoral de vida.

Por fim, também sustento que, devido ao modo humano de generalizar o entendimento, a rede de conversações que constituiu a vida pastoril patriarcal se tornou a mesma rede que estruturou o patriarcado como uma maneira de viver independentemente do pastoreio, sob a forma de uma rede de conversações que suscitam:

a) relações de apropriação e exclusão, inimizade e guerra, hierarquia e subordinação, poder e obediência;
b) relações com o mundo natural, que se deslocaram da confiança ativa na harmonia espontânea de toda a existência para a desconfiança ativa nessa harmonia e para um desejo de dominação e controle;
c) relações com a vida que se deslocaram da confiança na fertilidade espontânea de um mundo sagrado, que existe na legitimidade da abundância harmônica e do equilíbrio natural de todos os modo de vida, para a busca ansiosa da segurança. Esta traz consigo a abundância unidirecional, obtida pela valorização da procriação, a apropriação e o crescimento ilimitado;

d) relações de existência mística, que se deslocaram da aceitação original da participação na unidade dos seres vivos, por meio de uma experiência de pertença a uma comunidade humana que se estende à totalidade vivente. Tal deslocamento leva ao desejo de abandonar a comunidade viva, mediante experiências de pertença a uma unidade cósmica, a qual configura um domínio de espiritualidade invisível que transcende os vivos.

Voltemos à minha proposição de como a cultura patriarcal indo-europeia pode ter se originado, e de como nossa cultura patriarcal europeia moderna pode ter dela derivado. Para tanto buscarei reconstruir a história, considerando as várias transformações que acredito que devem ter ocorrido ao longo desse processo.

Os membros de uma pequena comunidade humana (que pode ter sido uma família; entendo por família um grupo de adultos e crianças que funciona como uma unidade de convivência) que viviam seguindo alguma manada de animais migratórios rechaçavam ocasionalmente os lobos que se alimentavam desta. Enquanto esse afugentamento dos lobos foi ocasionalmente bem sucedido – sem a morte deles –, não ocorreu nenhuma mudança fundamental no emocionar dos membros dessa comunidade.

Contudo, quando o rechaçar, o perseguir os lobos e o correr com eles – de modo a que não se alimentassem da manada – transformaram-se numa prática cotidiana, aprendida pelas crianças geração após geração, produziu-se, entrelaçada com essa prática, uma mudança básica no emocionar dos membros de tal comunidade e surgiu um modo de viver na proteção da manada. Isto é: surgiu um modo de vida que incluía o emocionar da apropriação e a defesa daquilo que havia sido apropriado. À medida que essa forma de emocionar começou a ser conservada, geração após geração, as crianças da comunidade aprenderam a viver em ações que negavam aos lobos o acesso normal à manada. E apareceram outras emoções, que também começaram a se transmitir de pais para filhos.

Assim, enquanto se começou a perseguir os lobos para impedir-lhes o acesso à alimentação normal, surgiu a insegurança. Esta veio da perda de confiança, trazida pela contínua atenção aos comportamentos de proteção das manadas diante dos lobos, já excluídos como comensais naturais. Além do mais, quando surgiu o emocionar da insegurança, a segurança começou a ser vivida como a total exclusão dos lobos por meio da morte. Entretanto, ao ocorrerem essas modificações no emocionar e no agir, deve ter aparecido outra mudança no emocionar. Ela constituiu uma alteração básica e nova na maneira de viver da comunidade, a saber, a inimizade como desejo recorrente de negar a um outro em particular.

Ao surgir a inimizade surgiu o inimigo; e assim os instrumentos de caça – até então usados para matar o lobo como um inimigo – se transformaram em armas.*

---

* Notemos – quase como uma reflexão à parte – que nos mitos patriarcais o lobo é o grande inimigo. Fala-se do lobo como cruel e sanguinário, mas ele não o é. Em sua vida silvestre, esse animal não ataca o ser humano. O que ele procura são os animais que sempre lhe serviram de alimento, os quais são protegidos pelos humanos em seu pastoreio. É no aparecimento do patriarcado que o lobo surge como inimigo, num processo associado à perda de confiança no mundo natural que ele reforça.

Mas o que implicam as mudanças do modo de vida recém-mencionado? Reflitamos um instante. Na condição de maneira de viver, uma cultura é uma rede de conversações mantida de maneira transgeracional, como um núcleo de coordenações consensuais de coordenações consensuais de ações e emoções. Em torno dela, podem aparecer novas ações e emoções. Quando estas também começam a ser conservadas transgeracionalmente, na rede de conversações que define essa comunidade, ocorre uma mudança cultural. As ações e emoções humanas podem ser as mesmas em muitos domínios diferentes de existência (ou do fazer), e o que um aprende num domínio de existência (ou do fazer) pode ser facilmente transferido a outro.

Assim, uma vez que as conversações de inimizade e apropriação foram aprendidas na vida pastoril, elas puderam ser vividas em outros domínios de existência. E puderam ocorrer em relação a outras entidades como a terra, as ideias ou as crenças, quando surgiram as circunstâncias de vida apropriadas. Do mesmo modo, embora a apropriação e a inimizade possam ter começado como aspectos do emocionar do homem, se foi ele quem iniciou o pastoreio nos termos que assinalamos, nada restringe esse emocionar apenas aos humanos.

O patriarcado como modo de vida não é uma característica do ser do homem. É uma cultura, e portanto um modo de viver totalmente vivível por ambos os sexos. Homens e mulheres podem ser patriarcais, assim como ambos podem ser, e foram, matrísticos.

Continuemos agora com nossa reconstrução da origem do patriarcado indo-europeu e do patriarcado europeu moderno. Uma vez que a vida pastoril se manteve no cuidado dos animais apropriados e na defesa contra os lobos – que foram transformados em inimigos –, perdeu-se a confiança na coerência e no equilíbrio natural da existência. E então a segurança em relação à disponibilidade dos meios de vida começou a ser uma preocupação, amainada pelo crescimento da manada ou do rebanho sob o cuidado do pastor.

Nesse processo, devem ter-se produzido três modificações adicionais na dinâmica do emocionar de nossos ancestrais, que se transmitiram de pai para filho: o desejo constante por mais, numa interminável acumulação de coisas que proporcionavam segurança; a valorização da procriação como forma de obter segurança mediante o crescimento do rebanho ou manada; e o temor da morte como fonte de dor e perda total. Como resultado desse novo emocionar, a fertilidade deixou de ser vivida como coerência e harmonia da abundância natural de todas as formas de vida, na dinâmica cíclica e espontânea de nascimento e morte; e começou a ser vivida como procriação e crescimento que proporcionam segurança.

A vida no interior da família pastoril provavelmente mudou de um modo coerente com o vivido anteriormente. A participação do homem na procriação, que até aqui era vista como parte da harmonia da existência, deve ter começado a ser associada à apropriação dos filhos, da mulher e da família. Além disso, a sexualidade da mulher deve ter-se convertido em propriedade do homem que gerava os seus filhos. Como resultado, as crianças e as mulheres perderam sua liberdade ancestral para transformar-se em propriedade. E as mulheres das famílias pastoris, por meio da associação de sua sexualidade com a procriação, converteram-se, junto com as fêmeas da manada, numa fonte de riqueza.

Finalmente, nessa transformação cultural a apropriação pelo pastor da vida sexual da mulher se deu junto com a apropriação de seus filhos. Com a valorização da procriação, a família pastoril se transformou numa família patriarcal e o homem pastor converteu-se em patriarca. Mas essa transformação da maneira de viver – na qual uma família nômade, comensal de alguma manada migratória de animais silvestres passou a ser pastora – teve uma consequência fundamental: a explosão demográfica, animal e humana.

De fato, a valorização da procriação implica ações que abrem as portas ao crescimento exponencial da população. Isso se deve a que essa valorização se opõe a qualquer ação de regulação dos nascimentos e do crescimento da população, que permite a noção matrística de fertilidade como coerência sistêmica de todos os seres vivos em seus ciclos contínuos de vida ou morte.

Não devemos esquecer, porém, que essas mudanças culturais – como modificações na rede de conversações que constituíam a maneira de viver da família em mudança – surgem de alterações no emocionar e nas coordenações de ações. Estas devem ter acontecido inicialmente na harmonia da vida cotidiana. Ou seja, essas mudanças devem ter ocorrido pela transformação harmônica de uma forma conservadora de viver – que envolvia de modo natural a todos os membros da família – em outra, que também os envolveu de maneira natural.

Assim, enquanto as mulheres e crianças, juntamente com os homens, tornavam-se patriarcais no processo de se tornarem pastores, a biologia do amor deve ter permanecido a base de seu estar juntos como família. Isso aconteceu ao longo de uma transformação na qual homens e mulheres não estavam em oposição constitutiva, e na qual as crianças cresciam na intimidade de relações materno-infantis de aceitação e confiança. Os homens não tinham dúvidas nem contradições básicas em suas relações com as mulheres e crianças que constituíam suas famílias, nem estas em suas relações com eles. As mudanças fundamentais que foram acontecendo, na transformação que originou a família patriarcal pastoril, devem ter ocorrido como um processo imperceptível para a própria família em transformação.

Em outras palavras, a mudança no emocionar dentro da família – no que diz respeito à mobilidade e à autonomia das mulheres e crianças –, que foi ocorrendo na estrutura patriarcal pastoril emergente, não foi visível no seio da família em transformação; nela, os homens, mulheres e crianças se tornaram patriarcais sem conflitos. Nesse processo a vida das crianças mudou, da infância à vida adulta, num movimento em que o emocionar da vida adulta surgiu como uma transformação do emocionar da infância, não como uma negação do infantil e do feminino pelo homem. Desse modo, tal modificação possivelmente foi vivida com inocência na família patriarcal.

Devemos notar também que essas mudanças no emocionar e no agir – mesmo quando deram origem, na família patriarcal, a uma forma de viver completamente diversa do modo de vida da família matrística original – ocorreram como processos sem reflexão, fora de qualquer intencionalidade, no simples fluir da vida cotidiana. Assim, o homem começou a intervir na proteção diária da manada, e aprendeu a fazê-lo matando eventualmente os lobos. As mulheres e crianças também aprenderam o mesmo, tomando parte no estabelecimento da nova forma de viver na inimizade com os lobos e na apropriação da manada.

Em tal processo, a apropriação e a inimizade, a defesa e a agressão se tornaram parte da forma de vida que se conservou transgeracionalmente no devir histórico de uma determinada comunidade. Enquanto isso ocorria, esse emocionar deve ter constituído uma operacionalidade delimitadora, que separou essa comunidade das outras. E o fez de maneira transitória ou permanente, a depender de se essas outras comunidades estavam ou não dispostas a adotar o novo emocionar e agir, e com eles o novo conversar.

Porém – como foi dito anteriormente –, a aprendizagem do emocionar é transferível. Uma vez que a inimizade e a apropriação foram aprendidas como modos de emocionar num dado domínio de experiências, elas puderam ser vividas em outros. Por isso, uma vez que a inimizade e a apropriação se tornaram características da forma de viver na proteção de um rebanho, também passaram a fazer parte da defesa de outras características e formas de vida, como ideias, verdades ou crenças. Abriram-se então as portas para o fanatismo, a avidez e a guerra. Além do mais, as oportunidades para a inimizade e a defesa da propriedade devem ter surgido enquanto o crescimento da população e as migrações consequentes forçaram o encontro de comunidades diferentes. Muitas delas poderiam já ter desenvolvido alguns sistemas de crença próprios que, por já serem pastoras patriarcais, também estariam prontas para defender. Crenças místicas, por exemplo.

Nós, humanos, podemos ter de maneira espontânea, num momento ou em outro de nossas vidas, uma experiência peculiar. E a vivemos como uma percepção súbita de nossa conexão e participação num domínio mais amplo de existência, para além do entorno imediato. Sustento que essa experiência peculiar de perceber que se pertence ou se é parte de um âmbito de identidade maior que o da estreita vida individual é o que em geral se conota, em diferentes culturas, quando se fala de uma experiência mística ou espiritual.

Também afirmo que a experiência mística – repito: a experiência na qual uma pessoa vive a si mesma como componente integral de um domínio mais amplo de relações de existência – pode acontecer-nos de modo espontâneo. Nesse caso, certas condições internas e externas surgem naturalmente ao longo de nossas vidas. Podem também surgir como consequência da realização intencional de determinadas práticas, que resultam na criação artificial de tais condições. Em qualquer dos casos, todavia, a forma pela qual a experiência mística é vivida depende da cultura em que ela ocorre, ou seja, depende da rede de conversações em que ela está imersa, e na qual vive a pessoa que tem essa experiência.

Assim, acho que na cultura matrística agricultora e coletora da Europa pré-patriarcal, as experiências místicas foram vividas como uma integração sistêmica na rede do viver, dentro da comunidade de todos os seres vivos. "A comunidade e eu, o mundo do viver e eu, somos um só. Todos os seres vivos e não vivos pertencemos ao mesmo reino de existências interconectadas... todos viemos da mesma mãe, e somos ela porque somos unos com ela e com os outros seres, na dinâmica cíclica do nascimento e da morte". Esta poderia ser a descrição de uma experiência mística da gente matrística, expressa com nossas palavras.

Compartilhar e participar na harmonia da coexistência, por meio da igualdade e da unidade de todos os seres vivos e não vivos – sem importar quais possam ser suas diferenças individuais específicas –, na contínua renovação cíclica e recorrente da vida: eis o que acho que devem ter sido os elementos relacionais predominantes da experiência mística matrística. Creio que a experiência mística dos povos europeus matrísticos pré-patriarcais teve essas características. E assim ocorreu porque as pessoas agricultoras e coletoras raramente devem ter experimentado a vida sem o total apoio e proteção das comunidades às quais pertenciam, ou mediante a ruptura de sua conexão com uma natureza harmoniosa e acolhedora.

Em outras palavras, acredito que a experiência mística da gente matrística europeia pré-patriarcal foi de conexão com a concretude da vida diária. Também creio que esse modo proporcionou uma abertura para ver tudo o que era visível. Em suma, julgo que a "espiritualidade" matrística é inerentemente terrestre.

Na cultura patriarcal pastoril, as coisas devem ter sido diferentes. Sabemos que o emocionar fundamental que define a rede de conversações patriarcais pastoris está centrado na apropriação, defesa, inimizade, procriação, controle, autoridade e obediência. Por isso, é possível que a experiência mística de nossos ancestrais patriarcais indo-europeus mais antigos tenha sido muito diferente da que descrevemos para a cultura matrística europeia pré-patriarcal. O pastor talvez tenha passado muitos dias e noites, durante o verão, afastado da companhia protetora de sua comunidade, enquanto cuidava, seguia ou guiava seus rebanhos em busca de boas pastagens nos vales montanhosos. Ao mesmo tempo ele os protegia dos lobos, que se haviam transformado em seus inimigos. Lá, solitário, exposto à amplitude imensa do céu estrelado e enfrentando a grandeza imponente das montanhas, ele deve ter presenciado, simultaneamente fascinado e aterrorizado, os muitos fenômenos elétricos luminosos e inesperados que ocorrem nessas paragens – e não só em dias de tempestade.

Creio que nessas circunstâncias a experiência mística e espontânea dos pastores foi vivida como pertença e conexão, num âmbito cósmico ameaçador e impressionante por seu poder e força. Tal ambiente, ao mesmo tempo cheio de inimizade e amizade, simultaneamente belo e perigoso, é um domínio cósmico no qual só se pode existir na submissão e obediência. "Pertenço ao cosmos apesar de minha infinita pequenez; submeto-me ao poder dessa totalidade obedecendo às suas exigências, tal como me submeto à autoridade do patriarca". Esta poderia ser a descrição de uma experiência mística, vivida por nosso pastor imaginário na solidão de uma noite aberta nas montanhas.

Penso que na cultura pré-patriarcal matrística da Europa o indivíduo que teve uma experiência mística manteve-se conectado, por meio dela, com o confortável reino diário e tangível do viver. Na cultura pastoril patriarcal, porém, o pastor que teve uma experiência mística, na solidão da montanha, vivenciou uma transformação que o ligou a um reino intocável de relações de imensidão, poder, temor e obediência.

Acredito ainda que, na cultura matrística da Europa pré-patriarcal, a pessoa que passou por uma experiência mística deve ter vivido a congruência na harmonia de uma dinâmica sempre renovada de nascimento e morte. Contudo, na cultura patriarcal pastoril, o pastor com o mesmo tipo de experiência certamente teve uma vivência de submissão e fascinação, diante do fluxo ameaçador de um poder que deu lugar à vida e à morte, na conservação e ruptura de uma ordem precária, baseada na obediência ao seu arbítrio.

A experiência mística da cultura patriarcal pastoril provavelmente foi de conexão com um reino abstrato de natureza completamente diverso daquele da vida diária. Isto é, essa experiência mística deve ter sido de pertença a um âmbito de existência transcendental, e assim se constituiu numa abertura para ver o invisível. Além disso, é provável que os relatos dos pastores, que voltaram transformados como resultado de suas experiências místicas espontâneas, foram ouvidos pelas comunidades tanto com admiração quanto com medo. Elas ouviram e entenderam esse discurso de autoridade e subordinação, poder e obediência, amizade e inimizade, exigência e controle em termos inteiramente pessoais, e podem ter sido seduzidas por sua grandeza. Com paixão suficiente após uma experiência mística, um pastor talvez tenha se tornado um líder espiritual.

Para resumir: na cultura matrística não patriarcal da Europa antiga, a experiência mística foi vivida como uma pertença plena de prazer, numa rede mais ampla de existência cíclica que englobava tudo o que estava vivo e não vivo no fluxo de nascimento e morte. Deve ter implicado o autorrespeito e a dignidade da confiança e aceitação mútuas. De modo contrário, na cultura patriarcal pastoril a experiência mística provavelmente foi vivida como pertença a um âmbito cósmico imenso, temível e sedutor, de uma autoridade arbitrária e invisível. O que deve ter implicado a exigência de uma absoluta negação de si mesmo, pela total submissão a esse poder, própria do fluxo unidirecional de inimizade e amizade de toda autoridade absoluta.

Em outros termos, o misticismo matrístico convida à participação e à colaboração no autorrespeito e no respeito pelo outro e, inevitavelmente, não é exigente, profético ou missionário. Já o misticismo patriarcal convida à autonegação da submissão e desse modo fatalmente se torna exigente, profético e missionário.

Quero agora fazer uma pequena digressão fisiológica. O sistema nervoso é constituído de uma rede neuronal fechada, com uma estrutura plástica que muda seguindo um curso contingente à sequência das interações do organismo que ele integra (Maturana, 1983). Nessas circunstâncias, a forma como opera o sistema nervoso de um animal é, sempre e necessariamente, função de sua história específica de vida. Por causa disso um sistema nervoso implica, em seu funcionamento, a história individual do animal de que é parte. Em nós, humanos, essa relação entre a história de vida de um animal e a estrutura de seu sistema nervoso implica que, independentemente de se ele está acordado ou dormindo – e em todas as experiências que podemos viver –, nosso sistema nervoso funciona, sempre e necessariamente, de uma forma congruente com a cultura a que pertencemos: gera uma dinâmica comportamental que faz sentido nessa cultura.

Dito de outro modo: os valores, imagens, temores, aspirações, esperanças e desejos que uma pessoa vive em qualquer experiência – esteja ela desperta ou sonhando, seja uma experiência comum ou mística – são necessariamente os valores, imagens, temores, aspirações, esperanças e desejos de sua cultura, somados às variações que essa pessoa possa ter acrescentado à sua vida pessoal, individual. É por causa dessa relação, entre o funcionamento do sistema nervoso de uma pessoa e a cultura à qual ela pertence, que afirmo que os povos das culturas europeias matrística e patriarcal pastoril devem ter tido experiências místicas diferentes. Além disso, tais experiências devem ter sido diversas porque cada uma delas incorpora necessariamente o emocionar da cultura na qual surge.

Proponho esta reconstituição da origem de nossa cultura patriarcal porque me dei conta de que todas as experiências humanas – inclusive as místicas – ocorrem como parte da rede de conversações que constituem a cultura em que surgem e, portanto, incorporam o seu emocionar. Ademais, dado que acho que é o emocionar de uma cultura que define o seu caráter, creio que minha reconstituição do que podem ter sido as experiências místicas de nossos ancestrais europeus matrísticos – e de nossos ancestrais patriarcais pastores indo-europeus – é tão boa quanto minha reconstrução do emocionar dessas culturas. Acredito que essa reconstrução é boa porque ela recolhe as emoções dos elementos matrísticos e patriarcais de nossa cultura europeia patriarcal moderna.

Continuemos, então. Uma vez surgida a forma de viver patriarcal pastoril, a família ou comunidade na qual ela começa a ser mantida de modo transgeracional se expande, tanto por meio da sedução de outras famílias ou comunidades quanto mediante o crescimento populacional humano descontrolado. Além disso, tal crescimento, numa comunidade pastora, deve ter ocorrido acompanhado de uma ampliação comparável dos rebanhos. Essa circunstância inevitavelmente levou a um abuso das pastagens e a uma expansão territorial, o que não pode ter deixado de resultar em alguma forma de conflito com outras comunidades. Tais conflitos possivelmente ocorreram independente de que essas comunidades tenham ou não estado centradas na apropriação e na inimizade. A guerra, a pirataria, a dominação política e a escravidão devem ter começado nessa época e, eventualmente, produziram migrações maciças, em busca de novos recursos a serem apropriados.

Imagino que foi sob essas circunstâncias que nossos ancestrais indo-europeus chegaram à Europa, num movimento de conquista, pirataria e domínio. Se a apropriação é legítima, se a inimizade faz parte do emocionar da cultura, se a autoridade, a dominação e o controle são características da forma de viver de uma comunidade humana, então a pirataria é possível ou mesmo natural. Além do mais, se a apropriação é parte do modo natural de viver, tudo está aberto a ela: os homens, as mulheres, os animais, as coisas, o países, as crenças... Se o emocionar adequado estiver presente, tudo pode ser capturado pela força, do mesmo modo que os lobos foram originalmente excluídos de seu legítimo acesso aos rebanhos silvestres dos quais se alimentavam.

Assim, à medida que os povos patriarcais indo-europeus começaram a se deslocar para a Europa, levaram consigo a guerra. Mas não só ela: levaram também um mundo completamente diverso daquele que encontraram. Esses povos foram donos de propriedades e delas defensores; foram hierárquicos; exigiram obediência e subordinação; valorizaram a procriação e controlaram a sexualidade das mulheres. Os povos matrísticos europeus não se assemelhavam a nada disso. Em seu encontro com a gente matrística europeia, os indo-europeus patriarcais pastores depararam com seu completo oposto cultural em cada aspecto material ou espiritual.

Mais ainda: como povos patriarcais pastores, eles devem ter vivido essas diferenças opostas como uma ameaça ou perigo à sua própria existência e identidade. Do mesmo modo que vivenciaram sua relação com os lobos, na qual, por meio da apropriação do rebanho, provocaram o seu extermínio, sua reação deve ter sido a defesa de sua própria cultura pela negação da outra, tanto por seu completo controle e domínio quanto por sua total destruição.

Quando constituem ideias ou crenças, os títulos de propriedade e a defesa das "legítimas" possessões de um indivíduo criam limites. Estes separam o que é correto do que não o é, o que é legítimo do que é ilegítimo, o aceitável do inaceitável.

Se vivermos centrados na apropriação, viveremos tanto nossas propriedades quanto nossas ideias e crenças como se elas fossem nossa identidade.

Que isso acontece dessa maneira é evidente pelo fato de que nós, ocidentais patriarcais modernos, vivemos qualquer ameaça a nossas propriedades – e qualquer contradição ou falta de acordo com nossas ideias e crenças – como um perigo ou ameaça que põe em risco os próprios fundamentos de nossa existência. Como resultado, em seu encontro com a cultura europeia matrística, os indo-europeus patriarcais pastores viram no sistema de crenças completamente diverso dessa cultura um perigo e ameaça à sua identidade. Essa circunstância deve ter ocorrido especificamente em relação às crenças místicas que estão na base das experiências que dão significado à vida humana. Quando ocorreu o encontro dos povos patriarcais com os europeus matrísticos, os primeiros começaram a defender e impor suas crenças místicas patriarcais. Estabeleceu-se então uma fronteira de legitimidade entre ambos os sistemas de crenças místicas, e os dois se tornaram religiões.

Uma religião é um sistema fechado de crenças místicas, definido pelos crentes como o único correto e plenamente verdadeiro. Antes de seu violento encontro com o patriarcado pela invasão dos indo-europeus patriarcais pastores, a gente matrística não vivia numa religião, pois não viviam na apropriação e defesa da propriedade.

Reflitamos um momento sobre esse assunto. Os povos matrísticos tiveram crenças místicas baseadas em experiências também místicas que, segundo acreditamos, manifestavam ou revelavam sua compreensão básica da relação que tinham com a totalidade da existência. Expressavam essa compreensão por meio de uma deidade – a deusa-mãe –, que incorporava e evocava a coerência dinâmica e harmônica de toda a existência numa rede sem fim de ciclos de nascimento e morte.

De modo contrário – segundo pensamos – o povo patriarcal pastoril teve crenças místicas baseadas em experiências também místicas. Estas foram vividas como reveladoras de sua conexão com um âmbito cósmico dominado por entidades poderosas, arbitrárias, que exerciam sua vontade em atos criativos capazes de violar qualquer ordem previamente existente. Os povos patriarcais pastores expressavam sua compreensão das relações cósmicas por meio de deuses – entidades transcendentes que impunham temor e exigiam obediência. Em seu domínio místico, esses povos não tinham nada a defender e, consequentemente, nada a impor: cada crença era natural e autoevidente. Como entidade cósmica todo-poderosa, Deus era óbvio em sua invisibilidade, e assim inerentemente espiritual.

Com efeito, tinha de ser desse modo, pela forma com que Ele devia ter surgido na montanha, enquanto expressava seu caráter onipotente de patriarca cósmico. As visões místicas matrísticas europeias eram totalmente diversas, dado o seu caráter terrestre. Para os povos matrísticos, os fundamentos da existência estavam no equilíbrio dinâmico do nascimento e da morte, tanto quanto na coerência harmônica de todas as coisas, vivas ou não. Não havia nada a temer quando alguém se movia na coerência da existência; para eles não havia forças arbitrárias que exigissem obediência, só rupturas humanas da harmonia natural, devidas a alguma falta circunstancial de consciência e à limitação por ela implicada.

A divindade não era uma força ou autoridade; e não poderia ter sido assim, pois esses povos não estavam centrados na autoridade, dominação ou controle. A deusa-mãe concretizava e evocava a consciência dessa harmonia natural. E, segundo penso, suas imagens e os rituais nos quais elas eram usadas significavam presença, evocação e participação na harmonia de todas as coisas existentes, de uma maneira que permitia que tanto os homens quanto as mulheres permanecessem conectados com ela em seu viver cotidiano. Os povos matrísticos europeus não tinham nada a defender, tanto porque viviam na consciência da harmonia da diversidade, quanto porque não viviam em apropriação.

Logo a seguir, quando os povos indo-europeus patriarcais pastoris invadiram a Europa, seus patriarcas perceberam que não podiam aceitar as crenças, o modo de vida espiritual ou as conversações místicas dos povos matrísticos, pois estes contradiziam completamente os fundamentos de sua própria existência. Assim, preferiram defender seu modo de vida e suas crenças da única maneira que conheciam, isto é, por meio da negação do outro modo de vida ou do sistema de crenças daqueles povos, transformando-os em seus inimigos.

Além do mais, no processo de defender o seu viver místico, os patriarcas indo-europeus criaram uma fronteira de negação de todas as conversações místicas diferentes das suas. E estabeleceram, de fato, uma distinção entre o que passou a ser legítimo e ilegítimo, crenças verdadeiras e falsas. No âmbito espiritual, realizaram a práxis de exclusão e negação que, operacionalmente, constitui as religiões como domínios culturais de apropriação das mentes e almas dos membros de uma comunidade pelos defensores da verdade ou das "crenças" verdadeiras. Contudo, antes de prosseguir, reflitamos mais sobre o místico e o religioso.

Uma experiência mística – ou espiritual, como é geralmente chamada na atualidade –, como experiência de pertença ou conexão a um âmbito mais amplo do que o do entorno imediato de alguém, é pessoal, privada, inacessível a outros, ou seja, intransferível. Portanto, o ato de relatar uma experiência assim diante de uma audiência adequada pode ser algo cativante e sedutor, pois evoca um emocionar congruente em quem escuta, casos em que ocorre a sedução. Mesmo quando não há transferência da experiência, muitos dos ouvintes podem chegar a converter-se em adeptos da explicação do expositor.

Como resultado, pode se formar uma comunidade de crentes. Quando isso acontece, todavia, o corpo de crenças adotadas pelos novos crentes – qualquer que seja a sua complexidade e riqueza – não constitui uma religião. Isso só ocorre se os membros dessa comunidade afirmarem que suas crenças revelam ou envolvem alguma verdade universal, da qual eles se apropriaram por meio da negação de outras crenças, baseadas em outros relatos de experiências místicas ou espirituais.

A apropriação de uma verdade mística ou espiritual que se sustenta como verdade universal constitui o ponto de partida ou de nascimento de uma religião. Requer um emocionar e um modo de vida que não estavam presentes na cultura europeia matrística. Nossa cultura patriarcal europeia confunde religião com espiritualidade. Nela se fala, com frequência, de experiências religiosas como se fossem místicas.

Acredito que essa confusão obscurece o fato de que uma religião não pode existir sem a apropriação de ideias e crenças, e não nos permite ver o emocionar que a constitui. Some-se a isso que o advento do pensamento religioso, por meio da defesa do que é "verdadeiro" e da negação do que é "falso", é um processo que nos tornou insensíveis para as bases emocionais de nossos atos. Em consequência, nos tornou inconscientes de nossa responsabilidade em relação a eles, e obstruiu nossas possibilidades de entender que a história humana segue o caminho do emocionar, e não um curso guiado por possibilidades materiais ou recursos naturais. Nossa visão torna-se obscurecida para o fato de que são nossos desejos e preferências que determinam aquilo que vivemos como verdades, necessidades, vantagens e fatos.

Façamos agora um paralelo entre as conversações definidoras da cultura patriarcal pastoril e da cultura matrística europeia:

Conversações definidoras da cultura patriarcal pastoril	Conversações definidoras da cultura matrística europeia
Conversações:	Conversações:
◆ De apropriação.	◆ De participação.
◆ Nas quais a fertilidade surge como uma noção que valoriza a procriação, num processo contínuo de crescimento.	◆ Nas quais a fertilidade surge como a visão da abundância harmoniosa de todas as coisas vivas, numa rede coerente de processos cíclicos de nascimento e morte.
◆ Nas quais a sexualidade das mulheres se associa à procriação e fica sob o controle do patriarca.	◆ Nas quais a sexualidade das mulheres e dos homens surge como um ato associado à sensualidade e à ternura.
◆ Nas quais se valoriza a procriação e se abomina qualquer noção ou ação de controle da natalidade e regulação do crescimento populacional.	◆ Nas quais se respeita a procriação e se aceitam ações de controle da natalidade e de regulação do crescimento populacional.

- Nas quais a guerra e a competição surgem como modos naturais de convivência, e também como valores e virtudes.

- Nas quais o místico é vivido em relação à subordinação a uma autoridade cósmica e transcendental, que requer obediência e submissão.

- Nas quais os deuses surgem como autoridades normativas arbitrárias, que exigem total submissão e obediência.

- Nas quais o pensamento é linear e vivido na exigência de submissão à autoridade na negação do diferente.

- Nas quais as relações interpessoais surgem baseadas principalmente na autoridade, obediência e controle.

- Nas quais o viver patriarcal de homens, mulheres e crianças surge, ao longo de toda a vida, como um processo natural.

- Nas quais não aparece uma oposição intrínseca entre homens e mulheres, mas se subordina a mulher ao homem, pela apropriação da procriação como um valor.

- Nas quais surgem a valorização da cooperação e do companheirismo como modos naturais de convivência.

- Nas quais o místico surge como participação consciente na realização e conservação da harmonia de toda a existência, no ciclo contínuo e coerente da vida e da morte.

- Nas quais as deusas surgem como relações de evocação da geração e conservação da harmonia de toda a existência, na legitimidade do todo que há nela, e não como autoridades ou poderes.

- Nas quais o pensamento é sistêmico e é vivido no convite à reflexão diante do diferente.

- Nas quais as relações interpessoais surgem baseadas principalmente no acordo, cooperação e coinspiração.

- Nas quais o viver matrístico de homens, mulheres e crianças surge, ao longo de toda a vida, como um processo natural.

- Nas quais não aparece uma oposição entre homens e mulheres nem subordinação de uns aos outros.

Sustento que nossa forma de vida patriarcal europeia surgiu do encontro das culturas patriarcal pastoril e matrística pré-patriarcal europeia como resultado de um processo de dominação patriarcal diretamente orientado para a completa destruição de todo o matrístico, mediante ações que só poderiam ter sido moderadas pela biologia do amor. Com efeito, se quisermos imaginar como isso pode ter ocorrido, tudo o que temos a fazer é ler a história da invasão da Palestina – fundamentalmente matrística – pelos hebreus patriarcais, tal como está relatada na *Bíblia*.

A cultura matrística não foi completamente extinta: sobreviveu aqui e ali em bolsões culturais. Em especial, permaneceu oculta nas relações entre as mulheres e submersa na intimidade das interações mãe-filho, até o momento em que a criança tem de entrar na vida adulta, na qual o patriarcado aparece em sua plenitude. Num empreendimento de pirataria e domínio, os homens invasores patriarcais pastores destruíram tudo e, depois de exterminar os homens matrísticos, apropriaram-se de suas mulheres. Acredito que estas não se submeteram voluntária e plenamente, o que deu origem a uma oposição na relação homem-mulher que não estivera presente em nenhuma das culturas originais.

Nesse processo, à medida que os homens patriarcais lutaram para submeter as mulheres matrísticas das quais se tinham apropriado, estas resistiram e se esforçaram para manter a identidade matrística. Só cederam para proteger suas vidas e as de seus filhos, mas sem nunca esquecer sua liberdade ancestral. As crianças nascidas sob esse conflito foram e são testemunhas participantes dele. E o viveram e vivem como uma luta permanente entre o homem e a mulher, que acabou por ser vivida como se fosse uma oposição intrínseca entre o masculino e o feminino, também no seio de sua identidade psíquica individual.

Em meio a essa luta, o homem patriarcal, como possuidor da mãe, tornou-se para a criança o pai – uma autoridade que negava o amor ao mesmo tempo em que o exigia. Um ser próximo e distante, que era simultaneamente amigo e inimigo, numa dinâmica que igualava a masculinidade à força e à dominação, e a feminilidade à debilidade e à emoção. Nessas circunstâncias, as mulheres descobriram que seu único refúgio, diante da impossibilidade de escapar ao controle e à dominação possessiva dos homens patriarcais, era conservar sua cultura matrística em relação à sua prole – particularmente, em relação às filhas, as quais não tinham um futuro de autonomia na vida adulta como os meninos. Além do mais, os meninos da nova cultura patriarcal europeia emergente viveram uma vida que implicava uma contradição fundamental, à medida que cresciam numa comunidade matrística por alguns anos, para depois entrar numa comunidade patriarcal na vida adulta.

Como foi dito anteriormente, essa contradição permanece também conosco, como uma fonte de sofrimento que não percebemos mas que pode ser reconhecida em mitos e contos de fada, e que às vezes é mal interpretada de um ponto de vista patriarcal, seja como uma luta constitutiva entre o filho e o pai pelo amor da mãe – como a noção freudiana do complexo de Édipo –, seja como expressão de uma desarmonia biológica, também constitutiva, entre o masculino e o feminino.

No primeiro caso, a legitimidade da raiva do menino diante de um pai (homem patriarcal) que abusa da mãe (mulher matrística) é obscurecida ao tratá-la como expressão de uma suposta relação de competição biológica entre pai e filho pelo amor da mãe. Na relação mãe-filho matrística não perturbada, a criança jamais tem dúvidas sobre o amor de sua mãe. Também não há competição entre pai e filho pelo amor da mãe deste, pois para ela essas relações ocorrem em domínios completamente diversos. E o homem sabe que essa relação vem com os filhos e que só durará enquanto durar seu amor por eles.

No caso puramente patriarcal pastoril, tampouco há conflito entre o menino e o patriarca, porque este sabe que é o pai dos meninos de sua mulher, e que esta não duvida da legitimidade de sua relação amorosa com ela e com seus filhos precisamente porque ele é o patriarca.

A situação do menino em nossa cultura patriarcal europeia atual é completamente diversa, porque a luta constitutiva matrística patriarcal, na qual ele cresce, não é apenas um aspecto ancestral do mito da criação, mas sim um processo sempre presente. De fato, em nossa cultura patriarcal europeia atual, um menino está sempre em risco de negação: tanto por parte do pai, em sua oposição à mãe, quanto por meio do descuido por parte desta, que vive sob uma permanente exigência. Tal exigência a leva a desviar sua atenção do menino, enquanto pretende recuperar sua plena identidade, chegando ela própria a se transformar em patriarca.

Repitamos isso em outras palavras. Na história de nossa cultura patriarcal europeia, o processo de negação da cultura matrística pré-patriarcal europeia original não se detém na separação e oposição de uma infância matrística e uma vida adulta patriarcal. Ao contrário – e com diferentes velocidades e distintas formas em diversas partes do mundo –, o impulso para a total negação de tudo o que seja matrístico chegou até a infância. E o fez por meio de uma pressão que corrói continuamente os fundamentos matrísticos do desenvolvimento da criança como um ser humano que cresce no autorrespeito e na consciência social, por meio de uma relação mãe-filho fundamentada no livre brincar, em total confiança e aceitação mútuas (ver Verden-Zöller, no próximo capítulo).

É claro que esse curso não é conscientemente escolhido: ele é o resultado da expansão da vida adulta patriarcal ao âmbito da infância, enquanto se pede – ou se exige – à mãe e ao filho que atuem segundo os valores e desejos da vida adulta patriarcal. À medida que as exigências da vida adulta patriarcal são introduzidas na relação mãe-filho, a atenção tanto daquela quanto deste se desvia do presente de sua relação. E assim o menino acaba crescendo na desconfiança do amor de sua mãe, pois ela sem se dar conta cede a essas pressões, criando ao redor do filho um espaço de negação no qual seu desenvolvimento humano normal no autorrespeito e na consciência social é distorcido.

No segundo caso, a oposição e a desarmonia cultural que há, no patriarcado europeu, entre os homens patriarcais e as mulheres matrísticas, é vivida como a expressão de uma luta entre o bem e o mal. Na cultura matrística não há bem nem mal, pois nada é algo em si mesmo e cada coisa é o que é nas relações que a constituem. Numa cultura assim, as ações inadequadas revelam situações humanas de insensibilidade e falta de consciência das coerências normais da existência que só podem ser corrigidas por meio de rituais que reconstituam tal consciência ou capacidade de perceber.

Na cultura patriarcal pastoril, por meio da emoção da inimizade, uma ação inadequada é vista como má ou perversa em si mesma, e seu autor deve ser castigado. No encontro da cultura patriarcal pastoril com a matrística, todo o matrístico se torna perverso, ou fonte de perversidade, e todo o patriarcal se torna bom e fonte de virtude. Assim, o feminino se torna equivalente ao cruel, decepcionante, não confiável, caprichoso, pouco razoável, pouco inteligente, débil e superficial – enquanto o masculino passa a equivaler ao puro, honesto, confiável, direto, razoável, inteligente, forte e profundo.

Resumamos então esta apresentação em quatro afirmativas, que aludem ao que ocorre atualmente em nossa cultura europeia patriarcal:

◆ Nossa vida presente como povo patriarcal europeu, com todas as suas exigências de trabalho, êxito, produção e eficácia, interfere no estabelecimento de uma relação normal mãe-filho. Interfere, portanto, no desenvolvimento fisiológico e psíquico normal das crianças como seres humanos autoconscientes, com autorrespeito e respeito social (ver Verden-Zöller no próximo capítulo).

◆ O desenvolvimento fisiológico e psíquico inadequado da criança que cresce em nossa cultura patriarcal se revela em suas dificuldades de estabelecer relações sociais permanentes (amor), ou na perda da confiança em si mesma, ou na perda do autorrespeito e do respeito pelo outro, bem como no desenvolvimento de diversas classes de dificuldades psicossomáticas em geral.

◆ A interferência no livre brincar mãe-filho em total confiança e aceitação – que traz consigo a destruição da relação materno-infantil matrística – produz uma dificuldade fundamental na criança em crescimento e por fim no adulto, para viver a confiança e o conforto do respeito e aceitação mútuos, que constituem a vida social como um processo sustentado. Crianças e adultos permanecem na busca infinda de uma relação de aceitação mútua que não aprenderam a reconhecer, nem a viver nem a conservar quando ela lhes acontece. Como resultado disso, crianças e adultos continuam a fracassar sempre em suas relações, na dinâmica patriarcal das exigências e da busca do controle mútuo, que nega precisamente o mútuo respeito e a aceitação que eles desejam.

◆ As relações de convivência masculino-feminina são vividas como se existisse uma oposição intrínseca entre homem e mulher que se torna evidente em seus diferentes valores, interesses e desejos. As mulheres são vistas como fontes de perversidade e os homens como fontes de virtude.

O conflito básico de nossa cultura europeia patriarcal não é a competição do menino com o pai pelo amor da mãe como nos leva a crer a noção do complexo de Édipo. Também não é a desarmonia intrínseca entre o feminino e o masculino suposta nessa noção, e também nas terapias que nos convidam a harmonizar nossos lados feminino e masculino. A raiva do menino contra o pai, conotada no complexo de Édipo, é reativa à sua observação das múltiplas agressões dele, pai, contra a sua mãe. O menino cresce com essa raiva, negando-a, pois é também ensinado a amar o pai como a fonte de tudo o que é bom, embora perceba, em seu cotidiano, que é tanto no domínio prático quanto no emocional da patriarcalidade paterna que está a origem da contínua negação dos fundamentos matrísticos de sua condição humana como ser social bem integrado.

Ao mesmo tempo, a oposição entre o homem e a mulher – que vivemos em nossa cultura patriarcal europeia – resulta da oposição sem fim entre o patriarcal e o matrístico que a criança começa a viver em tenra idade, ao ouvir as mútuas queixas maternas e paternas próprias da oposição das conversações patriarcais e matrísticas, incluídas em nossa cultura patriarcal europeia. O conflito básico de nossa cultura patriarcal europeia está, ainda, na luta entre o matrístico e o patriarcal que a originou, e que ainda vivemos de modo extremo na transição da infância à vida adulta, como logo veremos.

As mulheres mantêm uma tradição matrística fundamental em suas inter-relações e no relacionamento com seus filhos. O respeito e aceitação mútuos no autorrespeito, a preocupação com o bem-estar do outro e o apoio recíproco, a colaboração e o compartilhamento – eis as ações que orientam fundamentalmente seus relacionamentos. Ainda assim, as crianças, homens e mulheres devem tornar-se patriarcais na vida adulta, cada um segundo o seu gênero. Os meninos devem tornar-se competitivos e autoritários, as meninas, serviçais e submissas. Os meninos vivem uma vida de contínuas exigências, que negam a aceitação e o respeito pelo outro, próprios de sua infância. As meninas vivem uma vida que as pressiona continuamente para que mergulhem na submissão, que nega o autorrespeito e a dignidade pessoal que adquiriram na infância.

A adolescência e seus conflitos correspondem a essa transição. Os conflitos da adolescência não são um aspecto próprio da psicologia do crescimento. Eles surgem na criança que enfrenta uma transição, na qual tem de adotar um modo de vida que nega tudo o que ela aprendeu a desejar na relação materno-infantil das relações matrísticas da infância, que corresponde aos fundamentos de sua biologia.

Em outras palavras, a rebeldia da adolescência expressa o nojo, a frustração e o asco da criança que tem de aceitar e tornar seu um modo de vida que vê como mentiroso e hipócrita. Esse é o cenário em que vivemos nossa vida adulta na cultura patriarcal europeia. É nele que estamos como homens e mulheres, como homens e homens, como mulheres e mulheres. É onde, na maior parte do tempo, vivemos nossa convivência como um contínuo confronto de dominação, qualquer que seja o âmbito de coexistência em que nos encontremos. Além disso, mergulhamos nessa luta ou confronto sem nos darmos conta, como um simples resultado da convivência com nossos pais patriarcais europeus, e não necessariamente em resposta ao seu desejo explícito de que assim seja.

Esse modo de viver resulta simplesmente de nossa participação inocente no fluxo das conversações de luta e guerra em que submergimos ao nascer: conversações de luta entre o bem e o mal, o homem e a mulher, razão e emoção, desejos contraditórios, matéria e espírito, valores, humanidade e natureza... entre ambição e responsabilidade, aparência e essência. Crescemos imersos nessas conversações contraditórias; vivemos desgarrados pelo desejo de conservar nossa infância matrística e satisfazer os deveres de nossa vida adulta patriarcal. E por isso precisamos de terapias, para recuperar nossa saúde psíquica e espiritual, mediante o resgate do respeito por nosso corpo e emoções na harmonização, como se diz, de nossos lados masculino e feminino.

Entretanto, esse conflito – que aprisiona nosso crescimento como crianças da cultura patriarcal europeia – é também nossa possibilidade de entrar na reflexão e sair da armadilha da luta contínua em que caímos com o patriarcado.

Não há dúvida de que o patriarcado mudou de modo diferente em distintas comunidades humanas, segundo as diversas particularidades da história destas. Assim, a posição da mulher, no lar ou fora dele, ou a escravidão como forma econômica de vida, ou a maneira de exercer o poder e o controle, modificaram-se de modos tão diferentes, nas várias comunidades, que podemos falar delas como subculturas patriarcais diversas. Continuamos a chamá-las de patriarcais, porque nelas se conservou a rede fundamental de conversações que as constitui dessa maneira.

Só o aparecimento da democracia foi de fato uma ameaça ao patriarcado, porque ela surge como uma expansão das conversações matrísticas da infância de uma forma que nega as conversações patriarcais. Desse modo, o fato de que o patriarcado tenha seguido muitos caminhos distintos, em diferentes comunidades humanas, não nega a validade de meu argumento. O patriarcado ocorre no domínio das relações humanas como um modo de ser humano; não é uma forma de vida "econômica", é uma maneira de relação entre seres humanos, uma modalidade de existência psíquica humana.

Como dissemos na introdução a estes ensaios, o patriarcado surgiu como uma mudança na configuração dos desejos que definiam nosso modo de coexistência em meio a um viver matrístico. Só uma nova modificação na configuração de nossos desejos, em nossa coexistência, pode levar-nos a uma transformação que nos tire do patriarcado. E ela só nos poderá acontecer agora se assim o quisermos.

A democracia

As culturas são sistemas essencialmente conservadores. Alguém se torna membro de uma cultura seja ao nascer nela, seja ao incorporar-se a ela como jovem ou adulto, no processo de aprender a rede de conversações que a constitui, participando dessas mesmas conversações ao longo do viver como membro dessa cultura. As crianças ou os adultos recém-chegados que não entrem em tal processo não se tornam membros da cultura; são expelidos, excluídos ou aceitos como residentes estrangeiros. Uma cultura é, de modo inerente, um sistema homeostático para a rede de conversações que a define. E a mudança cultural em geral não é fácil – não o é, sobretudo, em nossa cultura patriarcal, que é constitutivamente um domínio de conversações que gera e justifica, explicitamente, ações destrutivas contra aqueles que direta ou indiretamente a negam com sua conduta. É em relação a essa dinâmica conservadora do patriarcado que a origem da democracia constitui um caso peculiar de mudança cultural, já que ela surge em meio a este como uma ruptura súbita das conversações de hierarquia, autoridade e dominação que o definem. Reflitamos sobre o que pode ter acontecido.

Origem

Falemos da origem da democracia, segundo minha proposição. A oposição entre uma infância matrística e uma vida adulta patriarcal – que está no fundamento de nossa vida patriarcal europeia – se manifesta em nós, adultos, por uma nostalgia inconsciente da dignidade inocente e direta de nossa infância. Essa nostalgia constitui em nós uma disposição operacional sempre presente, que toma a forma de um desejo recorrente e inconsciente de viver na coexistência fácil que surge do respeito mútuo, sem a luta nem o esforço contínuos pela dominação do outro que são próprios da cultura patriarcal. Ela é um aspecto remanescente de nosso emocionar infantil matrístico.

Acredito que essa nostalgia pelo respeito recíproco constitui o fundamento emocional do qual surgiu a democracia na Grécia, como uma cunha que abriu uma fenda em nossa cultura patriarcal. Por meio dessa abertura pôde emergir novamente, em nossa vida adulta, o emocionar infantil matrístico que estava oculto. Ao mesmo tempo, também creio que é precisamente a natureza matrística do emocionar que dá origem à democracia, o que desencadeia a oposição que a ela faz o patriarcado. Minha proposição a respeito disso é a seguinte.

A democracia surgiu na praça do mercado das cidades-estado gregas, a Ágora, enquanto os cidadãos conversavam sobre os assuntos de sua comunidade e como resultado de suas conversações sobre tais assuntos. Os cidadãos gregos eram gente patriarcal, no momento em que a democracia começou a lhes acontecer de fato como um aspecto da práxis de sua vida cotidiana. Sem dúvida conheciam-se desde crianças e tratavam-se como iguais. Não há dúvida de que todos eles estavam pessoalmente preocupados com os assuntos da comunidade, sobre os quais falavam e discutiam. Desse modo, falar livremente sobre os assuntos comunitários na Ágora, como se estes fossem questões legitimamente acessíveis ao exame de todos, seguramente começou como um acontecimento espontâneo e fácil para os cidadãos gregos.

Contudo, conforme esses cidadãos principiaram a falar dos assuntos da comunidade como se estes fossem igualmente acessíveis a todos, tais assuntos se transformaram em entidades que podiam ser observadas, e sobre as quais era possível agir como se tivessem existência objetiva num domínio independente. Isto é: como se eles fossem "públicos" e por isso não apropriáveis pelo rei.

O encontrar-se na Ágora, ou na praça do mercado, tornando públicos os assuntos da comunidade ao conversar sobre eles, transformou-se numa forma cotidiana de viver em algumas das cidades-estado gregas. Nesse processo o emocionar dos cidadãos mudou, quando a nostalgia matrística fundamental pela dignidade do respeito mútuo, própria da infância, foi de fato satisfeita espontaneamente na operacionalidade dessas mesmas conversações. Além disso, à medida que esse hábito de tornar públicos os assuntos comunitários – de uma forma que os excluía constitutivamente da apropriação pelo rei – se estabeleceu por meio das conversações que os tornaram públicos, o ofício real acabou tornando-se irrelevante e indesejável.

Como consequência, em algumas cidades-estado gregas os cidadãos reconheceram essa maneira de viver por meio de um ato declaratório. Este aboliu a monarquia e a substituiu pela participação direta de todos os cidadãos num governo que manteve a natureza pública dos assuntos da comunidade implícita nessa mesma maneira cotidiana de viver. Isso se deu mediante uma declaração que, como processo, era parte dessa forma de vida. Em tal declaração, a democracia nasceu como uma rede combinada de conversações que:

a) efetivava o Estado como uma forma de coexistência comunitária, na qual nenhuma pessoa ou grupo podia apropriar-se dos assuntos da comunidade. Estes eram sempre mantidos visíveis e acessíveis à análise, exame, consideração, opinião e ação responsável de todos os cidadãos que constituíam a comunidade que era o Estado;
b) tornava a tarefa de decidir sobre os diferentes assuntos do Estado uma responsabilidade direta ou indireta de todos os cidadãos;
c) coordenava as ações que asseguravam que todas as tarefas administrativas do Estado fossem atribuídas de modo transitório por meio de um processo eleitoral em que cada cidadão tinha de participar, num ato de responsabilidade fundamental.

O fato de numa cidade-estado como Atenas nem todos os habitantes serem originalmente cidadãos – só o eram os proprietários de terras – não altera a natureza fundamental do acordo de coexistência comunitária democrática, como ruptura básica das conversações autoritárias e hierárquicas de nossa cultura patriarcal europeia. Talvez essa situação discriminatória entre os habitantes da cidade-estado tenha sido uma condição que possibilitou o aparecimento institucional da democracia. Esta surgiu, aparentemente, só como uma reordenação das relações de autoridade, que conservava as dimensões hierárquicas do patriarcado de um modo que ocultava tanto sua inspiração constitutivamente matrística quanto sua operacionalidade inerentemente antipatriarcal.

Com efeito, a democracia é uma ruptura na coerência das conversações patriarcais, embora não as negue de todo. Isso se torna evidente, por um lado, na longa luta histórica pela manutenção da instituição democrática – ou para estabelecê-la em novos lugares – contra o esforço recorrente pela reinstalação, em sua totalidade, das conversações que constituem o Estado autoritário patriarcal. De outra parte, essa evidência surge na longa luta pela ampliação do âmbito da cidadania e, portanto, pela participação no modo de vida democrático de todos os seres humanos que ficaram de fora dele em sua origem.

Ademais, o fato de que a democracia surja sob uma inspiração matrística – mesmo quando não recupera completamente o modo de vida matrístico – é evidente em sua operacionalidade de respeito mútuo. Este cria uma forma sistêmica de pensar mediante a aceitação dos outros, pois nega e se opõe à apropriação dos assuntos da comunidade por qualquer indivíduo isolado e por qualquer classe ou grupo de pessoas.

Ao surgir, a democracia não negou de todo o patriarcado. Apesar da contínua pressão patriarcal para negá-la e voltar à total patriarcalidade, o modo de pensar implícito na democracia se expandira a todos os domínios das relações humanas, às emoções, ações e reflexões. Criaram-se espaços nos quais o acordo, a cooperação, a reflexão e a compreensão substituíram a autoridade, o controle e a obediência como formas de coexistência humana. Isso ocorreu em todos os domínios da coexistência humana? Sim, dentro dos limites da contradição básica de nossa cultura patriarcal europeia. Com efeito, em seu modo de constituição a democracia é uma forma de viver que considero neomatrística.

No entanto, como nem todas as formas de patriarcado têm um núcleo cultural matrístico na infância, nem todas elas incluem um fundo de conversações matrísticas que permitam um emocionar adulto, no qual as conversações democráticas podem ser vividas como algo que faz sentido como um modo naturalmente legítimo de coexistência. Tal acontece, por exemplo, nas formas patriarcais mais puras, como aquelas dos povos que vivem sob as diferentes ramificações da religião muçulmana. As pessoas que cresceram originalmente no seio das conversações patriarcais muçulmanas devem primeiro modificar algumas dimensões de seu espaço convencional e orientá-las de modo matrístico, para que as conversações democráticas façam sentido para elas como geradoras de um espaço de coexistência legítimo e desejável.

Ciência e filosofia

Quando os assuntos da comunidade passaram a ser públicos nas cidades-estado gregas, e quando falar deles se tornou parte do viver cotidiano, o emocionar que torna possível o pensamento objetivo – isto é, o modo de pensar que trata os objetos que surgem na experiência do observador como se eles fossem entidades e processos com existência independente de suas ações – transformou-se no ponto de partida para duas formas diferentes de pensar e lidar com o mundo da experiência: a ciência e a filosofia, especificamente. Essas duas maneiras de pensar e lidar com os fenômenos da experiência diferem segundo aquilo que alguém pretende fazer, em suas relações, ao falar delas.

Na cultura matrística – na qual a ordem das relações humanas não se fundamenta em relacionamentos de autoridade e obediência –, os objetos são o que são na relação em que surgem ao ser percebidos. Na cultura patriarcal – em que a ordem nas relações humanas se baseia na autoridade e na obediência –, os objetos são o que são segundo a autoridade de seu criador, ou seja, existem por si mesmos. Em nenhuma dessas duas culturas, todavia, as conversações objetivadoras são parte da maneira normal de viver. Com a objetivação dos assuntos da comunidade, que faz surgir a democracia na praça do mercado das cidade-estado gregas, a prática da objetivação chega a ser uma característica de muitas conversações diferentes, pelo menos entre os cidadãos. Ela abre a possibilidade de argumentar sobre outros aspectos da vida cotidiana em termos de objetos. Mas não é só isso que acontece.

As duas maneiras de relacionar-se na ação, próprias dos aspectos matrísticos e patriarcais de nossa cultura patriarcal europeia, começam a participar de modo diferente na objetivação. Assim, na disposição matrística os objetos e processos existem na relação que os constitui na distinção – eles são o que são segundo o modo como são usados. Nessa disposição, os objetos não têm identidade própria a impor. Como eles surgem como distinções numa comunidade não centrada na autoridade, é o acordo – ou o consenso comunitário em relação a algum propósito comum, ou à alguma dimensão da convivência – que decide de fato o que será o processo ou o objeto distinguido, não estes em si mesmos.

Isto é, segundo o pensar matrístico – que se origina ao surgir a objetivação que leva à democracia –, as propriedades e características dos objetos e processos aparecem como relações constituintes que surgem em sua distinção. Nesse modo de pensar, é a participação no conviver que confere aos objetos e processos a sua existência. Isso leva a uma validação operacional, que possibilita que a reflexão e a explicação científica sejam vistas como formas sistêmicas de dar conta da vida cotidiana.

Por outro lado, segundo o aspecto patriarcal do modo objetivo de pensar que surge com a democracia, é a autoridade que manda e determina. Os objetos e processos distinguidos são o que são por si mesmos e constituem uma autoridade para tudo o que tenha a ver com eles, com base no funcionamento de suas propriedades e características intrínsecas. Como resultado, segundo esse modo de pensar, o controle, o poder e a obediência devem prevalecer a qualquer custo. E assim surgem princípios explicativos transcendentais, que, como meios de dominação pela razão, dão origem ao modo filosófico linear de explicar, fundamentado em verdades inegáveis. Na disposição matrística – e, portanto, na democracia como um domínio neomatrístico – conserva-se o respeito mútuo; na disposição patriarcal – e, portanto, na conservação da hierarquia e da autoridade – mantêm-se o poder, a subordinação e a obediência.

Creio que os cidadãos gregos faziam entre si estas reflexões, quando a democracia começou a acontecer em seu cotidiano. Afirmo que seu emocionar se movia dessa maneira e que, como resultado dele, surgiram as duas maneiras de argumentar que hoje ainda verificamos entre os homens de ciência e filosofia. Além disso, também sustento que, como consequência do emocionar diferente que implicam essas duas formas de argumentar, resultou o estabelecimento dos dois domínios basicamente diversos que são a ciência e a filosofia como âmbitos explicativos. Ou seja: o domínio das ações da ciência como âmbito de explicações válidas pela coerência das experiências do cientista, e o domínio das ações da filosofia como âmbito de explicações validadas por sua coerência, com a conservação dos princípios básicos sustentados pelo filósofo.

Diante do exposto, é evidente que acredito que a prática do pensamento objetivo surgiu com a democracia, inicialmente imerso no caráter autoritário de nossa cultura patriarcal europeia ainda presente. E tanto permaneceu assim, normativo, que ainda se mantém normativo na política, no seio da vida democrática e em muitos outros aspectos da vida fora dela. Constitui o modo de pensar ideológico e a forma filosófica de explicar. Como resultado, o que predomina desde o começo do pensamento europeu moderno, com a origem da democracia grega, é o uso normativo de teorias filosóficas que dão conta da experiência humana por meio de princípios explicativos. Estes são julgados como transcendentalmente válidos *a priori*, ou pelo uso da razão sob a forma de teorias filosóficas de caráter político, moral ou religioso, fundamentadas em verdades aceitas *a priori* como evidentes e inegáveis.

Desde então, são múltiplas as noções básicas e os princípios explicativos distintos que têm sido usados em muitas teorias filosóficas diferentes, como noções e princípios que são tratados como se revelassem características cognoscíveis, objetivas e inegáveis de uma realidade transcendente. É como se elas existissem independentemente do que faz o observador e fossem usadas como fundamento para tudo. A água, o fogo, o movimento, a matéria, a mente, a consciência... e muitas outras noções têm sido utilizadas dessa maneira, ao longo da história do patriarcado europeu.

O pensamento matrístico está na base da objetivação não normativa que constitui o fundamento do modo científico de explicar. Não se desenvolveu inicialmente nesta história, ou só o fez de maneira parcial, formando pequenas áreas isoladas de sistemas explicativos de validação operacional, que permaneceram subordinadas às normas de doutrinas filosóficas que pretenderam incluí-las e validá-las. Com efeito, embora a possibilidade da ciência como uma forma relacional de reflexão e explicação surja com a democracia, ela não se desenvolve propriamente até muito mais tarde, na história da cultura patriarcal europeia. E quando a ciência de fato se desenvolve, ela o faz de uma maneira fundamentalmente contraditória com o pensamento patriarcal, que sempre pretende ou usá-la de maneira normativa ou subordiná-la à filosofia.

Em outras palavras, a ciência e a filosofia como modos diversos de lidar com o objeto surgem junto com a democracia, no processo que dá origem ao emocionar da objetivação. Contudo, como tanto a democracia quanto a ciência são rupturas matrísticas da rede de conversações patriarcais, ambas enfrentam uma contínua oposição patriarcal. Esta as destrói totalmente, ou as distorce, submergindo-as numa classe de formalismo filosófico hierárquico.

A democracia hoje

Vivemos hoje um momento da história da humanidade no qual, de uma maneira ou de outra, muitas nações declararam a democracia como sua forma preferida de governo. Contudo, a atual prática da democracia como uma coexistência neomatrística responsável, no respeito mútuo e no respeito à natureza que implica a sua realização, permanece em muitas das nações como um mero desejo literário, ou só é realizada de modo parcial. Isso se deve à sua negação direta ou indireta, por meio de uma longa história política de conversações recorrentes de apropriação, hierarquia, dominação, guerra e controle.

Vejamos algumas das formas mais frequentemente adotadas por essas conversações recorrentes que negam a democracia.

a) Conversações que confundem a democracia como um modo eleitoral de conseguir o "poder político". O emocionar básico sob o qual ocorrem tais conversações é o desejo, aberto ou oculto, de dominação ou controle do comportamento dos outros, com o fim de satisfazer a uma vontade privada de autoridade e apropriação. Conversações dessa classe escondem o fato de que aquilo que numa cultura patriarcal se chama poder acontece na obediência do outro, mediante a submissão obtida pela coerção. Além disso, tal coerção ocorre disfarçada, sob argumentos que afirmam que o poder é uma propriedade ou dom daqueles que a exercem por meio das ações de seus adeptos, de tal forma que oculta a coerção por eles praticada. A democracia não opera como poder, autoridade ou exigências de obediência. Muito ao contrário, ela se realiza por meio de condutas que surgem de conversações de coinspiração que geram cooperação, consenso e acordos.

b) Conversações que negam a alguns de seus membros o livre acesso à observação, exame, opinião ou ação em relação aos assuntos da comunidade. Fazem isso argumentando que tais membros excluídos são intrinsecamente incapazes de ter uma participação adequada em tais assuntos. A emoção fundamental implícita em conversações de exclusão diferencial desse tipo é a preferência patriarcal por relações de hierarquia e controle do funcionamento de uma comunidade humana. Tais preferências em geral se ocultam sob algum argumento de justiça ou direito, validado mediante referências a algum sistema de noções e princípios tratados como transcendentalmente válidos. Entretanto, devido à sua forma de constituição, não há nem pode haver nenhuma justificativa transcendental para a democracia. Ela é uma forma de viver em comunidade que surge – quando é de fato adotada – na forma de um acordo social aberto, que provém de uma nostalgia ou desejo profundo de recuperar a vida matrística como um viver no respeito mútuo e no autorrespeito.

c) Conversações que justificam a negação do acesso aos meios básicos de subsistência a alguns membros da comunidade, mediante argumentos que afirmam a legitimidade da competição num mundo aberto à livre empresa. Em nossa cultura patriarcal, o emocionar fundamental envolvido nessas conversações é o da inimizade que surge com o desejo de apropriação. A inimizade, a interferência ativa no acesso que outro ser vivo poderia normalmente ter a seus meios de subsistência, é uma característica de nossa cultura patriarcal. Que a justifica com argumentos que fazem da apropriação do mundo natural uma virtude ou, ainda, um direito transcendental. Num viver democrático, a cooperação, o compartilhamento e a participação fazem parte do emocionar básico, e a ação a que conduz tal emocionar ante a escassez é a distribuição participativa, não a apropriação. Desse modo, qualquer argumento que justifique a apropriação é restritivo, ou interfere no acesso aos meios de vida de alguns dos membros de uma comunidade democrática, destruindo assim a democracia nessa comunidade.

d) Conversações que validam a oposição entre os direitos do indivíduo e os da comunidade, sob o argumento de que aquele e esta se negam mutuamente por meio de um conflito de interesses. O emocionar fundamental implícito nessas conversações é a apropriação e a inimizade, sob a afirmação de que a individualidade humana se constitui numa dinâmica de oposições, em que cada indivíduo surge mediante um processo de diferenciação ativa do outro. Mas o indivíduo humano não provém de uma dinâmica de oposições e sim, ao contrário, no desenvolvimento do autorrespeito e da dignidade, que acontecem pela confiança e respeito mútuos. Isso se dá num âmbito próprio da vida matrística da infância, na qual ele se transformou tanto num ser individual quanto num ser social. Em consequência, a coexistência democrática não surge, na história europeia, do desejo de satisfazer interesses comuns, mas da nostalgia da aceitação e do respeito mútuos. Com outras palavras, segundo o que sustento, o viver democrático não aparece como um mecanismo que permite resolver conflitos de interesse. Ele surge como intenção de realizar um modo neomatrístico de convivência, na constituição do Estado democrático como um projeto comum. A democracia não é uma solução. É um ato poético, que define um ponto de partida para uma vida adulta neomatrística, porque é a constituição – por declaração – de um Estado como sistema de convivência, um sistema social humano, um âmbito de respeito recíproco, cooperação e coparticipação, coextensivo com uma comunidade humana regida ou realizada por tal declaração.

e) Conversações que afirmam a necessidade de ordem e estabilidade para assegurar a livre empresa e a livre competição, com o argumento de que estas é que levam ao progresso social, na suposição implícita de que, com a noção de progresso, se conota algo que é um valor em si. Em nossa cultura patriarcal, o emocionar fundamental em relação à noção de progresso é próprio dos desejos de apropriação ou autoridade, implícitos nas conversações de hierarquia, crescimento, controle e subordinação. Todavia, o controle dos outros, a obediência sob as relações hierárquicas que se mantêm pela coerção e o crescimento como uma acumulação de bem-estar pela apropriação dos meios de vida dos outros são ações que mantêm a exclusão e geram miséria material, depredação ambiental e sofrimento. Isso acontece porque tais circunstâncias são dinâmicas de negação recorrente dos fundamentos matrísticos de nossa infância ocidental e, mais profundamente, de nossa constituição como seres humanos. São, pois, intrinsecamente negadoras do respeito mútuo e do autorrespeito constitutivos do viver democrático. Além do mais, essa maneira de viver, no contínuo jogo da competição e da demanda de estabilidade, faz da educação um instrumento de criação de meninos e meninas patriarcais. Eles viverão em contradição emocional, pois o farão tanto na contínua negação da democracia como modo de coexistência humana, quanto na permanente nostalgia da recuperação de seus fundamentos matrísticos.

f) Conversações de poder, controle e confrontação, na defesa da democracia ou para resolver as dificuldades que surgem ao vivermos nela, em vez de conversações de reflexão, acordo e responsabilidade em relação ao propósito comum que a fundamenta. O emocionar que faz surgir essas conversações implica a perda da confiança no outro, junto com o desejo de segurança e proteção garantidos por uma autoridade amiga e forte que o controle. Tal ocorre numa forma de coexistência na qual cada desacordo é vivido como uma ameaça, que tem de ser encarada por meio da guerra e da negação dos outros; ou na qual cada dificuldade é vivida como um problema que tem de ser resolvido pela luta, e na qual cada oportunidade para uma nova ação aparece como um desafio que tem de ser vivido como um confronto. Essa classe de conversações nega a democracia, de fato ou por inspiração, ao destruir o respeito mútuo fundamental que torna possível a coinspiração para a convivência em respeito recíproco que a constitui.

g) Conversações que louvam as relações hierárquicas, de autoridade e obediência como virtudes que asseguram a ordem nas relações humanas. Conversações dessa espécie garantem uma divisão hierárquica das atividades humanas e sustentam os privilégios sem o uso da força. O emocionar que lhes dá origem é o desejo de manter e assegurar o controle dos privilégios apropriados. Tais conversações restringem o acesso que todos os membros de uma comunidade democrática deveriam ter aos assuntos comunitários, e o concedem como privilégio apenas a alguns. Elas destroem a democracia pela negação de seus fundamentos.

h) Conversações que apresentam todos os desacordos numa comunidade democrática como lutas pelo poder, argumentando que a democracia é uma oportunidade para que todas as forças sociais participem de tais lutas. Nessas conversações, o emocionar fundamental se dá por meio do desejo de controle e dominação, sob o qual vivemos o nosso ser adulto em nossa cultura patriarcal europeia. Nesse emocionar, vivemos todos os desacordos como ameaças à nossa identidade. Não os respeitamos como expressão de uma diversidade legítima de coinspiradores para uma vida na democracia. Conversações desse tipo obscurecem o propósito comum da vida democrática, e cedo ou tarde a negam em sua totalidade.

i) Conversações de competição e criatividade, que afirmam que o progresso é uma característica necessária da vida humana e também a escalada na dominação da natureza e o controle da vida. Em tais conversações, o emocionar fundamental é a cobiça, o desejo pela apropriação e controle. As conversações de competição e criatividade negam o outro, seja de modo direto, no ato de competir, ou indiretamente, quando afirmam que ele carece da criatividade básica, necessária numa sociedade que só sobrevive por meio de uma interminável busca de novidades. Tais conversações negam a democracia, ao negar o outro em sua total legitimidade, ao desvalorizar a harmonia do viver que surge na consensualidade e ao louvar as diferenças que se manifestam na luta contínua.

j) Conversações de urgência e impaciência, que exigem ação imediata e que, sob o argumento da desconfiança, tentam impor uma visão particular antes que esta seja submetida à reflexão pública. Tais conversações surgem do desejo de controle e certeza a qualquer custo, e são apresentadas sob os argumentos de direito e justiça. Destroem qualquer espaço para conversações de coinspiração, limitando a possibilidade seja de qual for o acordo que possa levar à compreensão e à ação democrática. As conversações que implicam desconfiança dão-lhe origem e destroem a democracia ao tornar possíveis ações autoritárias.

A democracia é uma ruptura em nossa cultura patriarcal europeia. Emerge de nossa nostalgia matrística da vida em respeito mútuo e dignidade, que são negadas pela vida centrada na apropriação, autoridade e controle. Desse modo, a democracia é uma obra de arte, um sistema artificial de convivência conscientemente gerado, que só pode existir por meio das ações propositivas que lhe dão origem como uma coinspiração numa comunidade humana. Contudo, ao nos darmos conta da não racionalidade constitutiva da democracia como produto de uma coinspiração social matrística, procuramos dar-lhe uma justificação racional. E argumentamos empregando princípios transcendentais de justiça e direito, que julgamos universalmente válidos precisamente por meio dessa mesma argumentação racional.

Além do mais, nossos argumentos racionais falharam ao não convencer os que não aceitavam *a priori* os fundamentos matrísticos não racionais de nossa argumentação e que, portanto, não precisavam deles. Por isso, temos feito somente a outra coisa que sabemos fazer em nossa cultura patriarcal. Isto é, temos recorrido ao uso da força, com base em teorias filosóficas que justificam seu uso para o bem comum. Mas a força também tem fracassado no propósito de criar uma convivência democrática. E sempre falhará, porque nega de modo constitutivo as conversações de confiança, respeito mútuo, autorrespeito e dignidade que devemos viver se quisermos uma vida democrática. Mas isso não é tudo.

A democracia não é um produto da razão humana: é uma obra de arte, uma produção de nosso emocionar. É uma forma diferente de viver segundo o desejo neomatrístico de uma convivência humana dignificada na estética do respeito recíproco. O que dificulta o viver democrático, no meio de uma cultura patriarcal que a nega continuamente, é que as pessoas que querem viver a democracia são patriarcais por origem.

É precisamente por isso que elas não entendem que a democracia não tem justificativas transcendentais: ela é na verdade artificial, é um produto da coinspiração. As pessoas acreditam que, uma vez estabilizada, a democracia pode ser defendida racionalmente por meio do uso de noções como direitos humanos – como se estes tivessem validade universal transcendente –, sem perceber que também eles são obras de arte arbitrárias. Como uma forma de coexistência matrística em meio a uma cultura patriarcal que a ela se opõe e constitutivamente a nega, a democracia não pode ser estabilizada nem defendida: só pode ser vivida. A defesa da democracia – com efeito, a defesa de qualquer sistema político – conduz necessariamente à tirania.

Portanto, tudo o que podemos fazer, se de fato quisermos viver em democracia, é viver de acordo com ela no processo de gerar acordos públicos para todas as ações que desejarmos que nela ocorram – e fazer isso enquanto vivermos segundo os acordos públicos que a originam e constituem. Viver em democracia é um ato de responsabilidade pública, que surge de um desejo de viver tanto na dignidade individual quanto na legitimidade social que ela implica como forma matrística de vida. E falhamos em nosso propósito quando não realizamos essa maneira de viver enquanto afirmamos que queremos viver nela.

Reflexões éticas finais

Quero fazer algumas considerações adicionais, quase como um resumo de tudo o que foi dito neste longo ensaio.

Neste texto, afirmei que a vida humana é cultural, isto é, ocorre como uma rede de conversações no entrelaçamento do linguajear e do emocionar. Ou – o que é o mesmo – que a vida humana acontece como uma rede de coordenações consensuais de coordenações consensuais de ações e emoções entre seres humanos que se tornaram humanos vivendo uma vida humana. Além disso, fiz a totalidade de minha argumentação neste ensaio considerando o emocionar que, a cada momento, torna possível a rede de conversações que define uma dada cultura como forma específica de coexistência numa comunidade humana.

No processo de apresentar meus argumentos, sustentei que a existência humana surgiu na linhagem particular de primatas bípedes a que pertencemos. Tal ocorreu quando o viver em conversações – como um entrelaçamento do linguajear com o emocionar – começou a ser mantido, geração após geração, como parte do modo de vida que definiu desde então essa linhagem. De fato, fez dela uma linhagem humana. Também afirmei que o viver em redes de conversações acabou sendo a característica mais central do modo de vida de nossos ancestrais, e indica que eles devem ter vivido uma história de coexistência fundada na biologia do amor. Entretanto, ao fazer essa afirmação também sustentei que o amor, como o domínio das ações que constituem o outro como legítimo outro em coexistência, é uma emoção básica que constitui a vida social em geral. É também a emoção essencial da história humana, tanto na origem da linguagem quanto na realização e conservação do modo humano de viver.

Por fim, também afirmei que, devido à nossa origem evolutiva, nós, seres humanos, somos animais – animais dependentes do amor, que adoecem ao ser privados dele em qualquer idade. Como humanos, somos também seres culturais que podem viver em qualquer cultura que não negue totalmente, em seu desenvolvimento inicial, uma relação mãe-filho de íntimo contato corporal em total confiança.

A guerra, a agressão e a maldade como formas de viver na negação dos outros não são características de nossa biologia. Como animais, nós, seres humanos, sem dúvida somos biologicamente capazes de agressão, ódio, raiva – ou de qualquer emoção que a experiência nos mostra que podemos viver e que constitua um domínio de ações que leve à destruição ou à negação dos outros. Mas vivemos esses domínios de ações seja como episódios transitórios, seja como alienações culturais, que, como sabemos, distorcem nossa condição humana e nos levam à loucura ou à infelicidade. A agressão, a guerra e a maldade não são parte da maneira de viver que nos define como seres humanos e que nos deu origem como humanos.

Mas existimos em conversações e podemos cultivar conversações de agressão, guerra, ódio, controle, obediência, e assim gerar e viver culturas que alimentam esses domínios de ações, como fizeram nossos ancestrais indo-europeus ao produzir sua cultura patriarcal. E continuam a fazê-lo as culturas patriarcais dela descendentes, como a nossa cultura patriarcal europeia.

Em outras palavras, acredito que o conflito entre o bem e o mal, que deu origem a tantos mitos na história de nossa cultura, não é próprio de nossa animalidade. E tampouco o é de nossa condição humana: corresponde a um aspecto da história da humanidade que surge com a cultura patriarcal indo-europeia e que, ao tornar-se uma maneira cotidiana de viver, cedo ou tarde nos distancia de nossa condição humana de seres filhos do amor.

Na condição de seres humanos ocidentais modernos, falamos em valorizar a paz e vivemos como se os conflitos que surgem na convivência pudessem ser resolvidos na luta pelo poder; falamos de cooperação e valorizamos a competição; falamos em valorizar a participação, mas vivemos na apropriação, que nega aos outros os meios naturais de subsistência; falamos da igualdade humana, mas sempre validamos a discriminação; falamos da justiça como um valor, mas vivemos no abuso e na desonestidade; afirmamos valorizar a verdade, mas negamos que mentimos para conservar as vantagens que temos sobre os demais... Isto é: em nossa cultura patriarcal ocidental vivemos em conflitos, e frequentemente dizemos que a fonte deles está no caráter conflituoso de nossa natureza humana.

Com frequência, dizemos que tanto a luta entre o bem e o mal quanto o viver em agressão são características próprias da natureza biológica dos seres humanos. Discordo, não por pensar que o ser humano, em sua natureza, seja pura bondade ou pura maldade, mas porque considero que a questão do bem e do mal não é biológica e sim cultural. Esse conflito em que nós, seres humanos patriarcais modernos, vivemos nos dobrará com sofrimentos e por fim nos destruirá, a menos que o resolvamos.

A meu ver, a maior parte da humanidade vive o presente de uma cultura que nos aliena para nossos fundamentos, alienando-nos na apropriação, no poder, nas hierarquias, na guerra. Isto é, vivemos na negação de nossa condição de filhos do amor que gera nossa cultura patriarcal europeia. Além disso, creio que nosso conflito como seres humanos modernos da cultura patriarcal europeia – à qual pertencemos – surge da contradição emocional em que nos mergulha a sucessiva incorporação aos modos de vida matrístico e patriarcal que vivemos ao crescer como membros dessa cultura.

Examinemos de novo a natureza do conflito fundamental em que vivemos imersos em nossa cultura patriarcal europeia, ao vivermos a oposição desses dois modos de vida que negam um ao outro em todos os aspectos de seu emocionar. A primeira é a forma matrística de viver da nossa infância, na qual nos formamos como seres sociais absorvidos na dinâmica relacional da biologia do amor. Nela, homens e mulheres são de sexos diferentes, mas são iguais na coparticipação equivalente na configuração do conviver. A outra é a maneira patriarcal adulta de viver. Esta nos submerge de modo recorrente na negação da biologia do amor, por meio de uma dinâmica de relações mútuas baseada na fascinação da manipulação da natureza e da vida. Associa-se a ela a ideia da superioridade intrínseca do homem sobre a mulher, numa oposição fundamental de feminino e masculino.

O modo matrístico de viver abre intrinsecamente um espaço de coexistência, com a aceitação tanto da legitimidade de todas as formas de vida quanto da possibilidade de acordo e consenso na geração de um projeto comum de convivência. O modo de vida patriarcal restringe intrinsecamente a coexistência mediante as noções de hierarquia, dominação, verdade e obediência, que exigem a autonegação e a negação do outro. A maneira matrística de viver nos descortina a possibilidade da compreensão da vida e da natureza porque nos leva ao pensamento sistêmico, permitindo-nos ver e viver a interação e a coparticipação de todo vivente no viver de tudo o que é vivo. A forma patriarcal de vida restringe nossa compreensão da vida e da natureza ao levar-nos à busca de uma manipulação unidirecional de tudo, pelo desejo de controlar o viver.

No entanto, nesse conflito também está a possibilidade de saída por meio da reflexão, num processo que pode levar-nos a uma compreensão que de outro modo não seríamos capazes de conseguir: o entendimento da origem de nossos desejos de democracia, bem como a compreensão da origem dos nossos desejos de equanimidade e justiça. Com efeito, o que sabemos de equanimidade e justiça para poder desejá-las? Diz-se que é próprio da natureza humana viver em conflito entre o amor e ódio, assim como na agressão e em guerra. E, quando se fala em natureza humana, fala-se em biologia humana. Também se diz com frequência, em relação aos aspectos indesejáveis da conduta humana, que estes revelam nossa natureza animal.

Neste ensaio, afirmei que não é assim, e que não é nossa natureza animal – nem nossa natureza humana como animais na linguagem e no conversar – que nos conduz a viver em agressão e competição. Isso se deve à nossa cultura patriarcal europeia. Afirmo que é o patriarcal que gera a agressão e a competição como modos de vida. Foi o conflito entre as culturas matrística pré-patriarcal europeia e patriarcal pastoril – na origem de nosso presente cultural patriarcal ocidental – que gerou o conflito entre o bem e o mal, o amor e o ódio, que, como foi dito há pouco, frequentemente se afirma serem características da natureza humana.

De todo modo, afirmo que nós, membros da cultura patriarcal europeia, sabemos ou conhecemos algo sobre participação, equanimidade e cooperação por meio de nossa infância matrística. E desejamos viver na democracia quando queremos recuperar a essência de tal infância. Sustento que nós, membros da cultura patriarcal europeia, queremos a democracia quando desejamos recuperar a dignidade, o autorrespeito e o respeito pelos outros. Também afirmo que queremos recuperar tudo isso somente à proporção que já o vivemos em nossa infância.

Além do mais, sabemos que esses desejos não correspondem a uma nostalgia vazia ou a uma simples esperança, pois chegado o momento saberemos o que fazer na coexistência neomatrística da democracia. De fato, saberemos o que fazer porque vivemos, em nossa infância, imersos em conversações matrísticas que têm a ver com nossa condição humana de seres amorosos, dependentes do amor para a sua saúde física e mental.

Assim, sabemos que devemos considerar a criação de nossos filhos oferecendo-lhes as relações matrísticas de total confiança e aceitação, nas quais eles crescem com dignidade, isto é, com respeito por si mesmos e pelos outros. Também sabemos que nossos filhos devem viver assim até entrar plenamente em sua juventude, de modo que seu autorrespeito, consciência e responsabilidade social não venham a ser de todo negados pelas conversações patriarcais adultas (ver Verden-Zöller no próximo capítulo). Sabemos ainda que nós, adultos, também precisamos viver em autorrespeito e respeito pelos outros, se quisermos viver uma vida física e psiquicamente saudável. Por fim, sabemos que tudo o que temos a fazer para que o autorrespeito ocorra como um fenômeno natural da vida é agir com autorrespeito e respeito pelos outros: aceitando-os como legítimos outros em coexistência conosco na prática das conversações neomatrísticas da democracia, tanto no acordo quanto na discrepância.

O mundo está mudando e os direitos da mulher se tornaram aceitos. É verdade? Podemos dizer que as mulheres estão recuperando seus direitos como cidadãs totalmente democráticas por meio dos movimentos feministas. Contudo, o fato de que a mulher afirme – e de que os homens concordem com ela – que tem de lutar ou pelejar pelo que ela sustenta serem seus legítimos direitos de cidadã democrática reafirma a patriarcalidade. Este é, precisamente, o domínio cultural em que a questão da dignidade e do respeito recíproco nas relações humanas são vividos na forma de direitos e deveres, que têm de ser assegurados por alguma forma de luta social, e não como algo natural e próprio da convivência social humana. É a dissolução da luta que deve acontecer como seu verdadeiro propósito, e tal dissolução só é possível na passagem de uma cultura patriarcal para uma cultura neomatrística.

Estejamos ou não conscientes disso, o curso da história da humanidade segue o caminho do emocionar, e não o da razão ou o das possibilidades materiais ou dos recursos naturais. Isso se dá porque são nossas emoções que constituem os distintos domínios de ações que vivemos nas diferentes conversações em que aparecem os recursos, as necessidades ou as possibilidades. Assim, a vida que vivemos, o que somos e o que chegaremos a ser – e também o mundo ou os mundos que construímos com o viver e o modo como os vivemos – são sempre o nosso fazer.

No fim das contas, ao percebermos que assim é, os mundos em que vivermos serão de nossa total responsabilidade. A compreensão como modo de olhar contextual, que acolhe todas as dimensões da rede de relações e interações na qual ocorre o que se compreende, abre-nos a possibilidade de perceber nossas emoções quando o que entendemos é a nossa própria vida. Portanto, abre-nos também a possibilidade de sermos responsáveis por nossas ações. Por fim, se ao perceber nossa responsabilidade nos dermos conta de nossa percepção e agirmos de acordo com ela, seremos livres e nossas ações surgirão na liberdade.

Quando somos responsáveis, agimos conscientes das consequências de nossas ações e segundo o nosso desejo delas. Um ato responsável implica, pois, a consciência de que toda conduta humana ocorre num âmbito de relações vitais muito mais amplo do que o da própria individualidade e é, portanto, uma experiência espiritual. Por isso, um ato responsável e livre, embora possa ter consequências dolorosas, não acarreta grande sofrimento individual. Nessas circunstâncias, nossa possibilidade de sair da contradição emocional básica em que estamos imersos em nossa cultura patriarcal ocidental – e assim escapar do sofrimento que essa contradição traz consigo – está em nossa possibilidade de perceber que sua origem é cultural e não biológica.

Afirmei muitas vezes que nós, humanos, somos seres emocionais como todos os mamíferos e que, por existirmos na linguagem e no conversar, usamos a razão para ocultar ou justificar nossos desejos. Tal afirmação não desvaloriza a razão. Tudo o que foi dito neste texto – ou, de um modo mais geral, tudo o que fazemos – surge em nosso ser racional, porque o racional consiste em operar nas coerências do linguajear.

O problema com a racionalidade não está nela mesma, mas na apropriação da verdade nas situações de conflito que surgem quando, num espaço de convivência humana, se rompe a unidade cultural.

Dado que somos membros da mesma rede de conversações, da mesma cultura – e vivemos imersos na mesma rede de noções fundamentais que orientam nosso fazer e pensar como verdades evidentes –, nunca vivemos discrepâncias racionais; apenas desacordos emocionais ou meros erros lógicos. Todo sistema racional, seja ele científico, técnico, filosófico ou místico, fundamenta-se em premissas aceitas implícita ou explicitamente *a priori*, isto é, segundo as preferências implícitas ou explícitas daquele que o aceita.

Ao crescer como membro de uma cultura, cresce-se imerso de modo natural e como algo que se aceita como próprio e espontaneamente desejado. Isso ocorre numa rede de conversações que implicam um emocionar que especifica, operacionalmente, o conjunto de premissas que fundamenta as distintas argumentações racionais dessa cultura. Para os membros da comunidade que a vivem, uma cultura é um âmbito de verdades evidentes. Elas não requerem justificação e seu fundamento não se vê nem se investiga, a menos que no futuro dessa comunidade surja um conflito cultural que leve a tal reflexão. Esta última é a nossa situação atual. Como membros da cultura patriarcal europeia, vivemos duas culturas opostas numa só.

Em nossa infância, vivemos imersos naquilo que é uma cultura principalmente matrística. Na vida adulta, vivemos quase que exclusivamente uma cultura patriarcal. No entanto, se nos dermos conta dessa oposição, teremos oportunidade de refletir e dar à racionalidade o seu verdadeiro lugar.

Partindo do pensamento científico – que surge como possibilidade da democracia como uma forma neomatrística de pensar, é possível perceber que todo sistema racional tem um fundamento emocional. Mas também é possível perceber que, à medida que alguém se dá conta disso, ele pode se tornar responsável por sua racionalidade, e não amarrá-la à crença de ser dono de um acesso privilegiado a uma verdade transcendente. Desse modo, é possível, de fato, dar ao pensamento racional e ao saber humano responsabilidade e liberdade. Nós, humanos, somos muitos e contaminamos tudo com uma quantidade crescente de detritos. Isso resulta da superpopulação e esta, por sua vez, se origina do fato de que, em nossa cultura patriarcal ocidental, consideramos a procriação e o crescimento como valores em si, e não como meras preferências culturais.

Assim, geramos miséria ao nosso redor, movidos pelo desejo de um enriquecimento ilimitado pela apropriação de tudo a qualquer custo, sob o argumento de que a livre empresa é um direito. Destruímos e alteramos o mundo natural no qual somos seres vivos porque, induzidos por nosso orgulho de mestres do tecnológico, queremos controlá-lo e explorá-lo, argumentando que esse é o nosso direito, visto que somos os seres mais inteligentes da Terra. Vivemos em tensão e exigência porque, em nosso afã de sermos melhores, competimos e usamos os outros – e não o nosso próprio fazer – como a medida do nosso valor, afirmando que a competição leva ao progresso e que este é um valor.

Habitualmente atuamos, de modo consciente ou inconsciente, segundo os nossos desejos. Mas, como nem sempre somos responsáveis por eles, geramos nos outros e em nós mesmos um sofrimento nem sempre desejado. Portanto, se quisermos atuar de modo diverso, se quisermos viver num mundo diferente, devemos mudar nossos desejos. Para isso precisamos modificar nossas conversações. Mas temos de fazê-lo totalmente conscientes do que queremos para corrigir nossas ações, se estas nos levam a uma direção não desejada. Como humanidade, nossas dificuldades atuais não se devem a que nossos conhecimentos sejam insuficientes ou a que não disponhamos das habilidades técnicas necessárias. Elas se originam de nossa perda de sensibilidade, dignidade individual e social, autorrespeito e respeito pelo outro. E, de um modo mais geral, originam-se da perda do respeito por nossa própria existência, na qual submergimos levados pelas conversações de apropriação, poder e controle da vida e da natureza, próprias de nossa cultura patriarcal.

Por fim, creio que as reflexões que apresentei neste ensaio mostram que a única saída para essa situação é a recuperação de nossa consciência de responsabilidade individual por nosso atos, ao percebermos de novo que o mundo em que vivemos é configurado por nosso fazer. Acredito que isso só é possível pela recuperação do modo de viver matrístico. É ele que de fato vivemos quando, honestamente, nas relações neomatrísticas de uma vida honesta, nas conversações que constituem a vida democrática, tornamo-nos responsáveis por nossa racionalidade e responsabilizamo-nos por nossos desejos.

Referências bibliográficas

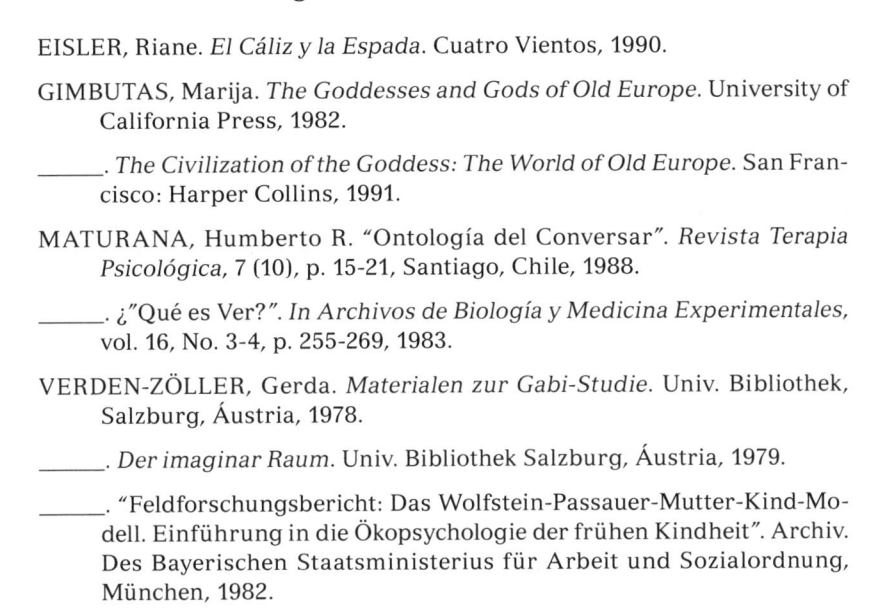

EISLER, Riane. *El Cáliz y la Espada*. Cuatro Vientos, 1990.

GIMBUTAS, Marija. *The Goddesses and Gods of Old Europe*. University of California Press, 1982.

_____. *The Civilization of the Goddess: The World of Old Europe*. San Francisco: Harper Collins, 1991.

MATURANA, Humberto R. "Ontología del Conversar". *Revista Terapia Psicológica*, 7 (10), p. 15-21, Santiago, Chile, 1988.

_____. ¿"Qué es Ver?". In *Archivos de Biología y Medicina Experimentales*, vol. 16, No. 3-4, p. 255-269, 1983.

VERDEN-ZÖLLER, Gerda. *Materialen zur Gabi-Studie*. Univ. Bibliothek, Salzburg, Áustria, 1978.

_____. *Der imaginar Raum*. Univ. Bibliothek Salzburg, Áustria, 1979.

_____. "Feldforschungsbericht: Das Wolfstein-Passauer-Mutter-Kind-Modell. Einführung in die Ökopsychologie der frühen Kindheit". Archiv. Des Bayerischen Staatsministerius für Arbeit und Sozialordnung, München, 1982.

O BRINCAR NA RELAÇÃO MATERNO-INFANTIL

Fundamentos biológicos da consciência
de si mesmo e da consciência social

Gerda Verden-Zöller

Para Humberto R. Maturana

Conteúdo

INTRODUÇÃO 123

O PROBLEMA 125
O presente de nossa cultura 125
O presente de nossa biologia: epigênese 132
Nossa insensibilidade diante do presente 140
A brincadeira e o brincar 144
Emoções 148

O QUE FAZER? 150
Ritmo corporal 150
Equilíbrio corporal 152
Movimento 156
Signos elementares 160
O espaço 162
A construção de teorias 173

O COMEÇO (1972-1979) 176

O DESENVOLVIMENTO (1979-1986) 187
As brincadeiras espontâneas da criança
e a filogenia 187
Cinco formas de dinâmica corporal 188
Semanas de jogos para mães, crianças
e professores de educação infantil 189
Pesquisa de campo 191
Fundação do Instituto de Pesquisas de
Ecopsicologia da Primeira Infância 194
As crianças das grandes áreas metropolitanas 194

AS CONSEQUÊNCIAS DO DAR-SE CONTA 198

REFERÊNCIAS BIBLIOGRÁFICAS 203

Introdução

Este é um texto fora do comum, tanto em seu conteúdo quanto em sua apresentação. Seu conteúdo é pouco usual, pois se trata de um informe sobre um estudo da normalidade na relação materno-infantil, feito com base no normal e não no patológico. Isto é, o que aqui apresento são reflexões sobre minha pesquisa a respeito do desenvolvimento do conhecimento do próprio corpo e do corpo do outro, em relação com o desenvolvimento da autoconsciência e da consciência social nas crianças, como uma capacidade operacional que elas adquirem normalmente, como resultado de seu viver num domínio de total aceitação mútua nas interações com suas mães.

Sua apresentação é pouco comum porque o texto não é concebido em termos analíticos, proporcionando argumentos psicológicos ou neurofisiológicos para apoiar o que nele se diz. Foi concebido mais como uma apresentação evocadora da compreensão do que ocorre na relação materno-infantil, por meio de uma série de afirmações que revelam o que observei ao longo dessa relação. Antes de começar, porém, quero apresentar a natureza de minha tarefa.

Enquanto trabalhava com uma menina epiléptica, com limitações sensório-motoras, que nascera cega e não recuperara a visão após uma operação ocular – num processo que levou nós duas a viver em interações recorrentes que nos envolviam numa aceitação mútua e total –, testemunhei, como se fosse em câmara lenta, sua total transformação num ser normal, tanto no plano individual quanto no social. Como isso aconteceu?

Depois que essa pergunta ocorreu-me, não a pude abandonar. E me dediquei, por mais de dez anos, por meio da criação e do trabalho em oficinas de jogos materno-infantis, ao estudo e à compreensão dos fenômenos implicados nessa transformação. Agora, após essa longa pesquisa, estou disposta a propor, como uma conclusão geral, que as consciências individual e social da criança surgem mediante suas interações corporais com as mães, numa dinâmica de total aceitação mútua na intimidade do brincar.

A simplicidade dessa resposta, no contexto do frequente desenvolvimento normal da criança em seu crescimento biológico natural como membro da sociedade humana, não deve obscurecer o valor do que acabo de dizer para a compreensão do desenvolvimento normal. Na realidade, o simples fato de que essa resposta só pudesse ser obtida depois de uma longa pesquisa mostra nosso embotamento cultural diante de muitos aspectos do desenvolvimento normal da criança como um ser bem integrado, tanto ao individual quanto ao social.

Desejo acrescentar que minha compreensão dos fenômenos biológicos implicados no desenvolvimento da criança tem sido muito enriquecida pelo trabalho de Humberto R. Maturana, e quero agradecer-lhe por isso. O que Maturana diz a esse respeito pode ser expresso em suas próprias palavras: "Saber é fazer e fazer é saber. Porém, a ação e o comportamento surgem da operação da corporeidade do organismo, de acordo com sua estrutura no momento de sua ação ou conduta. E a estrutura de um organismo é, a cada instante, o presente de sua história biológica, num devir epigenético que começa em sua concepção. Por isso, ninguém pode agir ou comportar-se fora do domínio de possibilidades que sua corporeidade implica. O subconjunto dos atos e condutas possíveis que um organismo desenvolve de fato ao longo de sua história individual depende de como ele vive essa história. Desse modo, uma criança necessariamente chegará a ser, em seu desenvolvimento, o ser humano que sua história de interações com sua mãe e os outros seres que a rodeiam permitir, dependendo de como sua corporeidade se transforme nessas interações. O ser humano que um humano chega a ser vai se constituindo ao longo da vida humana que ele vive". Prossigamos.

O problema

O presente de nossa cultura

Nós, do Ocidente, pertencemos a uma tradição cultural que por longo tempo separou corpo e mente, corpo e espírito, corpo e alma, afirmando que o espírito ou a alma é uma entidade que pertence a um domínio transcendental mais real e mais permanente que o corpo, e que este pertence à transitoriedade das formas que adota o mundo material. Como resultado disso, vivemos no Ocidente, de uma forma ou de outra, uma contínua desvalorização do corpo, por sua incapacidade de alcançar as alturas de nossas almas idealizadas. Como afirma a tradição cristã, podemos salvar-nos se conquistarmos ou vencermos "as tentações de nossos corpos". Ou, como propõe o budismo, podemos ultrapassar a ilusão do ego abandonando a impermanência do mero fenômeno em busca da permanência da consciência pura, ou o nada do nirvana.

Em nossa cultura, essa negação do corpo é acompanhada por um contínuo impulso para a separação e a oposição de observador e observado, de ser humano e natureza. A expressão mais extrema dessa separação entre o ser humano e o mundo natural, entre o observador e o observado, aparece na *Bíblia*, que é a principal fonte escrita daquilo que se considera vida espiritual em nossa tradição judaico-cristã. Diz o *Gênesis* (1:26): "Assim falou o Senhor: terás autoridade sobre os peixes do mar, as aves do céu, os animais da terra e as criaturas que se arrastam no chão".

A afirmação bíblica sobre a criação de Adão, à imagem e semelhança de um Deus espiritual masculino, para que fosse Senhor do resto de sua criação, justificou, em nossa cultura ocidental, não apenas a desvalorização de nossa corporeidade humana em favor de nossa essência espiritual, mas também a desvalorização de nós, mulheres, como diferentes da imagem de Deus. Essa afirmação também constituiu nossa separação do resto da natureza, criando um espaço para nossa limitação diante do mundo natural e também diante de nós próprios como parte dele. Em outras palavras, nossa falta de visão cultural frente à natureza, e à nossa inclusão nela como membros da tradição judaico-cristã, não é o resultado de nossas limitações como seres humanos. É uma característica cultural constitutiva da atitude de domínio que mantemos a respeito dela, como resultado da determinação bíblica.

Ser senhor em relação a alguém ou a algo implica a negação desse alguém ou algo por meio de sua completa subordinação aos caprichos do senhor. Implica, portanto, uma limitação operacional que elimina qualquer possibilidade de compreendê-lo. Um senhor é senhor porque só presta atenção a seus próprios desejos, negando os de seus servos obedientes. Esse é o caso, inclusive, quando alguém quer ser senhor de seu próprio corpo. A atenção aos desejos e necessidades do outro destrói a autoridade (domínio) e cria a amizade (companhia). Quando isso ocorre, a obediência é substituída pela cooperação e a luta se transforma em aceitação e respeito mútuos na coexistência.

Nosso propósito de controlar a natureza e, como seus senhores, o desejo de submetê-la ao nosso arbítrio tornaram-nos insensíveis diante dela e de nossa participação em sua constituição. Limitaram, pois, nossa compreensão do mundo natural. O resultado é um desastre ecológico que ameaça a nossa existência como seres humanos. De modo semelhante, nossas tentativas de controlar nossa corporeidade pela sua negação, mediante a separação de corpo e mente ou matéria e espírito – afirmando o direito senhorial do espírito sobre o corpo –, tornaram-nos indiferentes a este e limitaram nossa autocompreensão como seres que, como humanos, existimos de fato no entrelaçamento de emoção e razão.

O resultado foi a neurose, o fanatismo, o sofrimento social, a guerra e o crime. No entanto, a outra característica da cultura ocidental moderna – à qual pertencemos – que também contribuiu para nossa inconsciência frente à nossa corporeidade é a sua orientação quase total para a produção e a apropriação. Tal orientação implica um modo de viver no qual a atenção se volta continuamente para os resultados das ações – produtivas ou não –, gerando-se uma limitação operacional acerca do presente no qual elas acontecem. Em consequência, vivemos uma vida na qual não vemos nosso presente como seres humanos, já que sempre olhamos para além dele, com o objetivo de encontrar nossa identidade nos produtos da atividade intencional.

Em outras palavras, em nossa cultura ocidental associamos nossa identidade ao resultado da atividade, produtiva ou não, bem como às coisas que possuímos. E assim nos tornamos indiferentes para o presente como ponto de partida de qualquer coisa que fazemos. Mais ainda: essa orientação para a produção e a apropriação nas relações humanas também trazem consigo o contínuo propósito de controlar o outro e, portanto, a insensibilidade em relação a ele, já que tal intento implica a negação do outro, tanto quanto a negação de suas circunstâncias, na manipulação da relação. De modo mais direto, nas relações humanas o propósito de controle implica necessariamente a negação do outro, seja pela exigência de obediência, por meio de um argumento racional que é indiferente em relação a ele, seja pela ameaça.

Mas isso não é tudo. Nossa separação cultural de espírito e corpo, assim como a insensibilidade em relação à corporeidade que implica essa separação – junto com a separação entre os seres humanos e a natureza, que a acompanha –, resulta numa falta fundamental de confiança nos processos naturais em muitas áreas básicas da existência humana. Essa falta de confiança é frequentemente negada com afirmações de admiração da sabedoria da natureza. Mas é continuamente reafirmada num discurso recorrente sobre as forças naturais que têm de ser dominadas ou controladas. Por causa dessa falta de confiança e do permanente desejo de domínio, não vemos – ou vemos tarde demais – que não é o controle e sim a compreensão que proporciona harmonia ao viver, encanto à coexistência e liberdade criativa às nossas relações com a natureza, à medida que a construímos em nosso viver.

Nossa falta de confiança nos processos naturais é em especial evidente na atitude em relação ao desenvolvimento da criança, tanto em suas dimensões sociais quanto nas individuais. Devido a essa falta de confiança – e da separação cultural entre corpo e espírito –, não percebemos a participação natural das interações corporais da criança em crescimento na constituição de sua consciência individual e social. A falta de confiança e o desejo de domínio e controle geram insensibilidade. Só a aceitação do outro implica o desejo de compreensão e é visionária.

O fato de existirmos em nossas corporeidades como entidades plenamente espirituais é evidente na vida diária, no sofrimento espiritual que vivemos com os sofrimentos de nossos corpos e vice-versa. No cotidiano, aquilo que chamamos de vida espiritual é uma forma de viver no mundo que configuramos em nossa coexistência corporal com os outros. Ou, em outras palavras, o que chamamos de vida espiritual é uma experiência de pertença a um âmbito de existência multicorporal maior que o da própria corporeidade, inclusive quando buscamos descrever tal experiência em termos abstratos, como identidade com Deus, com a totalidade da existência ou experiência de comunidade interpessoal.

Com efeito, ao aceitar a separação de corpo e espírito como identidades que se negam mutuamente, inicia-se, para nós e para os demais, um sofrimento que só pode desaparecer com uma experiência de unidade que os junte de novo. Por meio da separação de corpo e espírito – que estabelecemos em nossa cultura, junto com a instrumentalização de nossas relações interpessoais, na orientação para a produção e a apropriação –, vivemos uma vida que desvaloriza a aceitação mútua. De modo inconsciente, ensinamos nossas crianças a não amar, embora o amor seja a convivência nas ações que constituem o outro como um legítimo outro em convivência conosco.

Devido à separação de corpo e espírito em nossa cultura – e à frequente instrumentalização das relações interpessoais –, muitas das nossas crianças crescem sem visão social e de si mesmas, por não aprenderem a viver a aceitação mútua e plena como algo natural e espontâneo. O fato de que isso ainda não aconteça com todas as crianças só revela que ainda existem situações em seu desenvolvimento que lhes permitem viver a autoaceitação corporal, que é necessária à vida individual e social consciente e bem integrada.

Em nossa cultura ocidental, em geral exigimos um propósito para a maioria de nossas interações e relações, seja com nós mesmos, com outros seres humanos ou com qualquer coisa que concebamos como parte do mundo que nos rodeia. Essa exigência é evidente quando nos encontramos com alguém e perguntamos: O que é que você quer? O que posso fazer por você? O que você está fazendo aqui?, ou nas justificativas que oferecemos de nossas ações, quando dizemos: "Gostaria que você fizesse isso ou aquilo *porque*"..., "É bom fazer isso *porque*"... Embora essas perguntas e justificativas sejam legítimas sob certas circunstâncias, elas nos alienam a respeito de nós mesmos e em relação aos outros, quando se transformam ou se tornam uma maneira de viver. E assim é porque elas nos limitam em relação a nossas emoções e não permitem que aceitemos a nós mesmos e aos outros, na simples legitimidade do mero ser. Em geral, não vivemos a vida no presente e sim no futuro, em relação ao que queremos, ou no passado, em relação ao que perdemos.

Em consequência, somos somente desejos e expectativas insatisfeitos ou queixas e frustrações eternas, e não podemos nos autorrespeitar nem respeitar os outros porque não há nada a ser respeitado. Por isso mesmo, não somos capazes de amar (aceitar) a nós mesmos nem aos outros, e vivemos gerando expectativas ilegítimas e recorrentes sobre nós próprios e em relação aos demais. Em síntese, vivemos limitados em nossa identidade individual e social assim como em nossa consciência de ser, porque não respeitamos a nós mesmos.

Por causa de sua própria alienação na separação de corpo e espírito – e da instrumentalização de suas relações por meio de sua submissão diante da atitude produtiva exigida por nossa cultura –, as mães modernas com frequência não têm consciência de sua corporeidade. Portanto, não têm plena consciência social e não se dão conta de que instrumentalizam suas relações com seus filhos. Elas os ensinam, educam-nos e os guiam para o seu futuro ser social.

Contudo, devido a essa falta de consciência corporal e social, elas não estão com eles no propósito de viver juntos em aceitação mútua e total. Assim, seus esforços para que seus filhos e filhas cresçam como seres íntegros, capazes de ser cidadãos felizes e responsáveis, muitas vezes fracassam, pelo desenvolvimento insuficiente de sua autoconsciência e consciência social. Estar com alguém, numa atividade com um propósito definido, pode ocorrer como um processo no qual os participantes prestam atenção ao processo em si mesmo, ou como uma dinâmica na qual os participantes só atentam para os resultados esperados. No primeiro caso, os resultados finais desaparecem do processo e este é vivido como um presente em contínua transformação. Na segunda circunstância, o presente desaparece e tudo o que se vê são os resultados esperados. Quando esta última eventualidade acontece a uma criança na relação com sua mãe, há, como veremos adiante, interferência no desenvolvimento de sua consciência individual e social.

O presente de nossa biologia: epigênese

Devido à sua constituição biológica, a corporeidade humana não é fixa. Tem a plasticidade ontogênica (de desenvolvimento) própria de um sistema cuja estrutura muda seguindo um trajeto casual na sequência de suas interações. Em biologia, isso se exprime dizendo que a história individual (ontogênica) de um sistema vivo acontece como um processo epigenético. Neste, a estrutura inicial total de um sistema vivo (sua constituição genética total) determina apenas um ponto de partida estrutural, comum a todos as evoluções epigenéticas pensáveis como possíveis e operacionalmente independentes, que pode seguir sua dinâmica constitutiva de mudanças estruturais. Ao mesmo tempo, num processo epigenético, o curso das mudanças estruturais que um sistema vivo de fato segue em sua realização ontogênica como sistema vivo específico surge, momento a momento, em sua história individual de interações. Assim, para ele não é indiferente que tipo de história de interações vive.

Em outras palavras, devido à epigênese o modo como uma criança vive a sua corporeidade, nos primeiros anos de vida, não é indiferente para o seu desenvolvimento. Em consequência, também não o é para o desenvolvimento de suas possibilidades de consciência individual e social, bem como para o desenvolvimento de sua capacidade de autoaceitação e aceitação do outro. Todas as dimensões da percepção, do dar-se conta de si mesmo, ou perceber o outro surgem na ontogenia humana como operações relacionais. E o fazem por meio da epigênese do corpo de um *Homo sapiens sapiens*, no viver humano normal das ações humanas numa convivência de aceitação mútua, isto é, num domínio social humano.

Noutros termos, a epigênese do sistema nervoso humano, a do sistema endócrino humano e, em geral, a do corpo humano como uma rede de sistemas interativos num meio – em suma, a epigênese do si mesmo humano – só ocorrem no âmbito de relações em interações humanas que é o domínio social humano.

O humano não está determinado na constituição genética total ou na estrutura inicial total do zigoto do *Homo sapiens sapiens*. Nem fica determinado no compartilhamento da vida numa comunidade humana, como fazem os animais domésticos. O humano surge no entrelaçamento de ambas as dimensões – a genética do *Homo sapiens* e a cultural da sociedade humana –, na epigênese humana particular que implica viver como um ser humano entre humanos. Somos concebidos como *Homo sapiens sapiens*, e nos humanizamos no processo de viver como humanos ao viver como membros de uma comunidade social humana.

Ou seja: nossa capacidade de coexistência social surge em nós somente na epigênese humana na biologia do amor, vale dizer, uma vez que crescemos na validação operacional da autoaceitação na aceitação do outro, por meio da intimidade dos encontros corporais com nossas mães em total confiança. Temos a capacidade de viver no amor se nele crescemos; e nele precisamos viver para ter saúde espiritual e fisiológica. Não há dúvida de que também podemos aprender a indiferença, a desconfiança ou o ódio, mas quando isso acontece cessa a vida social. E, considerando que ela está constituída como um domínio de existência fundado no amor – e não na indiferença, desconfiança ou ódio –, se termina a convivência social humana, acaba-se o humano.

O amor é a emoção, a disposição corporal dinâmica que constitui em nós a operacionalidade das ações de coexistência em aceitação mútua em qualquer domínio particular de relações com outros seres, humanos ou não. A biologia do amor é fundamental para o desenvolvimento de todo ser humano individual. Na condição de seres racionais linguajeantes, somos animais pertencentes a uma história evolutiva centrada na conservação de um modo de viver na biologia do amor. Esta tornou possível a origem da linguagem, que ainda hoje nos caracteriza.

Tal forma de viver – o modo de vida hominídeo – se baseia na mútua aceitação, numa coexistência centrada na ternura e na sensualidade da carícia mútua, na cercania de uma intimidade sexual prolongada, no compartilhar da comida, na convivência em pequenos grupos e na cooperação do macho no cuidado das crianças. Maturana e eu acreditamos que o viver na linguagem pode ter surgido dessa história evolutiva. Pois a conservação do modo hominídeo de viver constituiu, de fato, a possibilidade operacional de que as coordenações comportamentais consensuais de uma convivência prolongada e íntima em sensualidade, ternura e cooperação, se envolvessem, recursivamente, como coordenações de coordenações comportamentais consensuais. Isso aconteceu não só como um fenômeno ocasional, mas como um modo de viver conservado, geração após geração, na aprendizagem das crianças (Maturana, 1989 e 1990).

Também cremos que, quando o viver no linguajear surge nessa história evolutiva, ele o faz num fluir relacional e interativo. Este entrelaça as coordenações de coordenações comportamentais consensuais do linguajear com o emocionar próprio desses primatas, constituindo o que chamamos de conversar. Enfim, acreditamos que é o viver no conversar que constitui o humano. Acreditamos também que o humano surge, de fato, quando o conviver no conversar, como um modo de vida que se conserva geração após geração na aprendizagem das crianças, passa a definir a linhagem da qual somos agora o presente.

Como resultado disso – afirmamos –, todo fazer humano ocorre em conversações, como coordenações de coordenações consensuais do fazer e do emocionar. E toda a atividade humana existe como uma rede de conversações. Isto é: o cozinhar, a medicina, a olaria, a agricultura... são redes de conversações imersas em redes de conversações que definem as culturas nas quais as pessoas vivem. Em outras palavras – e segundo o anteriormente dito –, somos o presente de uma história evolutiva de coexistência consensual, na qual surgiu o conversar como resultado da intimidade do viver hominídeo em aceitação mútua. A rigor, somos filhos do amor, e a biologia de nossas corporeidades, assim como a de nosso desenvolvimento infantil, pertence à biologia do amor. Além do mais, tudo isso ocorre de modo tão fundamental que o crescimento normal de uma criança humana requer a biologia da mútua aceitação em interações corporais íntimas com a mãe. E a maioria de nossas doenças e sofrimentos surge de alguma interferência em nosso operar na biologia do amor.

Por fim, nessa biologia não é a sinceridade que tem relevância, mas sim a operacionalidade da aceitação mútua. Se há sinceridade, então a operacionalidade da aceitação do outro em coexistência íntima dura até o desaparecimento do amor. Se ela não existe, então a operacionalidade da aceitação do outro se mantém até que se proclame a hipocrisia. Em cada caso, enquanto estiver presente a operacionalidade da aceitação mútua, a biologia do amor está em ação. No entanto, já que a aceitação mútua não sincera em geral não dura muito, a história evolutiva que deu origem à humanidade não pode ter acontecido sob a hipocrisia, a agressão ou o engano.

A aceitação mútua não pode ocorrer como uma forma espontânea e sustentada de viver com o outro se não houver autoaceitação e, portanto, autorrespeito. Por sua vez, a autoaceitação e o autorrespeito não podem surgir como características da ontogenia da criança na relação materno-infantil se esta não fluir na mútua e total aceitação corporal implícita na operacionalidade das interações não intencionais da brincadeira. Todavia, as interações mãe-filho nem sempre fluem como não intencionais. Isso se deve à nossa imersão alienante, tanto na separação de corpo e espírito quanto na atitude de estarmos sempre tratando de controlar nossas circunstâncias por meio da busca de resultados. Tal ocorre com o objetivo de realizar, em tudo o que fazemos, a descrição de nossos desejos ou a imagem que temos de como as coisas devem ser, num processo próprio de nossa cultura patriarcal que continuamente nos aprisiona na mera aparência.

Na realidade, a total aceitação corporal mútua na relação mãe-filho não pode acontecer quando a mãe vê a criança ou o bebê como um futuro adulto, ou quando vive suas interações ou relações com eles como parte de um processo educativo. Ser aceito é ser visto no presente de uma interação; não ser visto no presente de uma interação é ser negado. Ver ou não ver o outro é função do nosso emocionar. Isto é: o modo como interagimos com o outro é um assunto emocional, pois nossas emoções especificam, a cada instante, o domínio de ações em que estamos nesse instante. Noutros termos, são nossas emoções que especificam nossas ações, não o que fazemos em termos de movimentos ou tipos de operações corporais.

Consideremos por um momento a relação mãe-filho. Façamos isso entendendo que a maternidade é uma relação permanente de cuidado que um adulto adota com uma criança. Ela pode ser realizada tanto por um homem quanto por uma mulher. Quando a mãe está atenta ao futuro dos seus filhos enquanto interage com eles, na realidade não os encontra na interação. Isso acontece porque sua emoção e paixão não estão no encontro, mas sim em algo diferente. Quando uma mãe que faz algo com seus filhos está atenta aos resultados do que está sendo feito, ela na verdade não os vê, não está com eles no presente da intimidade corporal de seu fazer comum.

O fato de que uma mãe esteja insensibilizada em relação a seus filhos, e não os veja no fluxo de suas interações enquanto estas acontecem, é irrelevante se ocorre de modo ocasional. Entretanto, quando essa situação persiste no cotidiano de suas relações com seus filhos, estes se tornam sistematicamente invisíveis para ela. As crianças não vivem seus corpos como válidos na relação, e não têm modos de aprender sua corporeidade como constitutiva de sua identidade no que fazem. Em consequência, não têm possibilidades de crescer em autoconsciência nem de desenvolver respeito por si mesmas.

O Eu – ou o si mesmo – é a identidade de um indivíduo numa comunidade. Ele surge assim na distinção de uma corporeidade, como um modo de interseção de diferentes redes de coordenações de ações ou comportamentos no conversar dessa comunidade. Devido a essa forma de constituição do Eu, ele e a consciência corporal seguem juntos, e não há nenhuma possibilidade de autoidentidade na consciência de si mesmo sem consciência corporal. Assim, quando na epigênese de uma criança se interfere no desenvolvimento da sua consciência corporal – por meio de interações que negam ou rechaçam sua corporeidade –, interfere-se tanto no desenvolvimento de sua consciência corporal quanto no desenvolvimento de sua autoconsciência e autoaceitação.

Ademais, ao surgirem a consciência de si e a autoaceitação da criança – conforme esta é percebida e acolhida pela mãe, no presente de um contato corporal íntimo em total aceitação –, ela (a mãe) surge como outro Eu na realização dessa mesma aceitação mútua mãe-criança. Então começa, na criança, a práxis da dinâmica social como a dinâmica da mútua aceitação (amor) na convivência.

Se esse processo ocorre durante um tempo suficientemente prolongado ao longo da vida da criança que se desenvolve, ela cresce na consciência corporal. Aceita a si mesma e aos outros, na práxis de uma dinâmica social que pode permitir-lhe viver as distintas dimensões de sua identidade cultural como possibilidades de coexistência com outros seres humanos e não como limitações de seu ser. Uma epigênese infantil que leve à autoaceitação conduz à aceitação dos outros como seres legítimos em coexistência próxima. É, pois, uma epigênese infantil em que a consciência social surge, na criança, como consequência de seu crescimento numa relação materno-infantil vivida na total e mútua aceitação corporal. Nela a criança cresce em aceitação de si mesma, ao aceitar a sua própria corporeidade e a corporeidade do outro. Isto é: para que uma criança cresça em consciência social e aceitação do outro, deve crescer na consciência da própria corporeidade e na autoaceitação.

Nós, humanos, tornamo-nos aquilo que nossas corporeidades se tornam enquanto vivemos, crescendo como seres humanos diferentes nas diversas culturas às quais pertencemos, por meio de diversas histórias de epigênese. Isso nos acontece de modo espontâneo no processo de viver, independentemente do que fazemos em nossas diferentes culturas. Em cada caso, porém, ocorre de maneira contingente à trajetória de nossos diversos afazeres em tais culturas. O que fazemos como seres humanos é feito à medida que participamos das diferentes conversações (coordenações consensuais recursivas de ações e emoções) que constituem as diferentes dimensões da cultura específica (rede particular de conversações) à qual pertencemos. Assim, tornamo-nos aquilo que somos num curso de mudança corporal que tem as conversações de que participamos como parte do meio no qual ocorre a nossa epigênese.

Portanto, as conversações de que participamos ao longo de nossas vidas – particularmente durante a infância – constituem tanto o fundo que demarca o curso de nossas mudanças estruturais epigenéticas, quanto o âmbito de possibilidades no qual se dá o nosso contínuo devir estrutural como seres humanos. Por essas mesmas razões, tudo o que fazemos em nossas ações, em nossos movimentos – o modo como nos conduzimos em nossas corporeidades como corporeidades interativas –, surge como dimensões da cultura em que acontece nossa epigênese. Nela nos tornamos o que somos, na contínua transformação corporal que é o nosso devir. Desse modo, o que fazemos com nossos corpos nunca é trivial. Tornamo-nos o que somos segundo o modo como nos movemos – a sós ou com ou outros – e à maneira como nos tocamos mutuamente, constituindo, momento a momento, espaços de ação na transformação de nossa corporeidade.

Nossa insensibilidade diante do presente

É nossa orientação cultural para a produção que nos insensibiliza, a cada momento, para o presente. É ela que dirige continuamente nossa atenção para um passado ou um futuro que só acontecem no espaço da descrição de nossas expectativas ou queixas, fora do domínio de nossas ações num dado momento. Para estar no presente, devemos simplesmente estar no que estamos no momento. Para que uma mãe esteja no presente com seus filhos, deve voltar sua atenção para o que ocorre nesse instante. Ela pode fazer isso por meio de interações com seus filhos que ocorram no brincar, ou seja, na mútua e total aceitação, sem expectativas que desviem o olhar para longe desse presente.

Na tradição greco-judaico-cristã de nossa cultura ocidental, percebemos aquilo que chamamos de natureza como um âmbito de forças independentes, com frequência ameaçadoras, que temos de subjugar e controlar para viver. Não vemos a natureza como nosso domínio de existência e a fonte de todas as possibilidades. Além disso, nossa cultura ocidental nos centra emocionalmente na valorização da intencionalidade, produtividade e controle. Nossa atenção está tão orientada para os resultados do que fazemos que raramente vivemos o nosso fazer como um ato no presente. Em consequência, não confiamos nos processos naturais que nos constituem e nos quais estamos imersos como condição de nossa existência. Estamos insensíveis para as distorções que introduzimos em nossas vidas e nas dos outros, com nosso contínuo intento de controlá-las.

Mais ainda, devido a essa falta de confiança, vemos as dificuldades que encontramos, em nosso contínuo empenho para controlar a natureza, como expressões de controle insuficiente. Por isso, insistimos no comportamento controlador. O que pode acontecer na relação materno-infantil quando a mãe, nas interações com seus filhos, está atenta ao seu futuro e as usa para educá-los, preparando-os precisamente para alcançar o dito futuro. Quando essa dinâmica intencional se estabelece na relação materno-infantil, a mãe deixa de ver seus filhos como indivíduos específicos, e restringe seus encontros com eles a essa condição. À proporção que tal restrição ocorre, um abraço deixa de ser um abraço como ação de plena aceitação do ser específico dos filhos que se abraçam. Transforma-se numa pressão com um certo direcionamento. Do mesmo modo, a mão que ajuda deixa de ser um apoio à identidade individual da criança, e transforma-se num guia externo que nega essa identidade.

Como foi dito antes, o Eu é uma dimensão social humana que se realiza por meio de uma dada corporeidade e surge como um entrecruzamento específico das diferentes conversações que constituem e definem a comunidade social em que esse Eu vive com outros Eus em mútua aceitação. Portanto, toda criança deve adquirir seu Eu – ou identidade individual social – como uma forma particular de ser em sua corporeidade, mediante o viver numa comunidade específica de mútua aceitação. Isso ocorre naturalmente, à medida que a criança cresce na estreita intimidade do encontro corporal, em confiança e total aceitação de sua mãe, bem como na de todas as crianças e adultos com os quais convive.

Tal acontece num processo pelo qual a criança se desenvolve espontaneamente (sem intenção nem esforço) de um modo sensorialmente normal, com plena consciência corporal de si mesma e da sociedade à qual pertence. Com efeito, estamos tão habituados com esse desenvolvimento normal das crianças, que não vemos o domínio de relações humanas em que ele ocorre como um processo natural. Quando fracassa, ficamos sem saber o que falhou nem sabemos o que fazer. Então recorremos ao controle. Além disso, quando pretendemos corrigir uma falta básica nas relações humanas com uma criança recorrendo ao controle, o que em geral obtemos é um fracasso maior, porque em nossa insensibilidade sobre o presente, gerada pela manutenção da atenção no futuro, negamos essa criança.

Não há dúvida de que um observador pode obter a certeza peculiar desejada na relação entre uma ação e seu resultado – que conotamos com a palavra "controle". Isso acontece em alguns sistemas específicos de produção, quando ele o conhece plenamente. Ademais, nesses termos o controle é em geral alcançado num sistema produtivo por meio da retroalimentação. Ou seja, introduzindo como parte desse sistema um mecanismo pelo qual a diferença entre algumas das consequências de um ciclo de produção e o fim específico desejado se incorpora como fator (componente) na operação do próximo ciclo produtivo. Devido à permanente atenção a resultados envolvida na atitude produtiva, ela normalmente nos induz a não respeitar a legitimidade do presente de nossas relações e circunstâncias. Assim, vivemos numa contínua tendência a modificá-las, negando nossa identidade e a dos outros, num processo que desvirtua o que de fato é o cerne do humano: a convivência no respeito por si mesmo e pelo outro, que nasce da autoaceitação.

O desenvolvimento de uma criança – tanto como ser biológico quanto como ser social – necessita do contato recorrente com a mãe, em total aceitação no presente. Contudo, uma mãe não pode encontrar seus filhos nessa espécie de contato se ela, em virtude de uma atitude produtiva, está orientada para as consequências de suas interações com as crianças, e não para o modo como elas existem no presente do encontro.

Numa cultura centrada na produção – como é ou se tornou nossa cultura ocidental –, aprendemos a nos orientar para a produção em tudo o que fazemos, como se isso fosse algo natural. Nessa cultura, não fazemos apenas o que fazemos. Trabalhamos para alcançar um fim. Não descansamos simplesmente; nós o fazemos com o propósito de recuperar energias; não comemos simplesmente, ingerimos alimentos nutritivos; não brincamos simplesmente com nossas crianças, nós as preparamos para o futuro. Sem dúvida, podemos esgrimir o que nos parecem ser boas razões para agir dessa maneira: devemos ganhar a vida, estamos cansados, precisamos prestar atenção à nossa saúde, devemos educar nossos filhos. O resultado é que, em geral, enquanto interagimos com outros seres humanos, nossa atenção está voltada para mais além da interação, isto é, para as consequências que esperamos.

Desse modo, não vemos o outro como um participante efetivo do encontro, não vemos as circunstâncias nas quais este acontece, ou não vemos a nós mesmos com o outro. Se essa limitação acontece a uma mãe, ela não encontra seus filhos na interação e estes vivem uma privação de contato corporal que interfere no desenvolvimento normal, tanto em sua corporeidade quando em sua autoconsciência e consciência social. Em outros termos, a criança não se autoaprende como um Eu integral no respeito e aceitação de si mesma; não aprende a si própria como um ser social no respeito ao outro e, assim, não desenvolve consciência social.

Se a mãe não está preocupada com o futuro; se ela não vê a si mesma cansada e esperando descansar; se não está ansiosamente preocupada com algo que vai além do presente; então – e só então –, ela terá a possibilidade operacional de se encontrar com seus filhos na condição de crianças individuais, efetivas, reais. Encontrar uma criança como pessoa real é encontrá-la como uma entidade biológica completa, cuja existência é válida e legítima em si mesma e por si mesma e não em referência a outra coisa. Além do mais, fazer isso é entrar em interações com a criança que se satisfazem em sua realização, por mais que tais interações possam parecer complexas a um observador. Quando isso acontece, a criança vive sua própria presença como uma totalidade legítima que ela pode aceitar de modo pleno, no contexto de sua existência social.

A brincadeira e o brincar

Na vida diária, o que queremos conotar quando falamos em brincar é uma atividade realizada como plenamente válida em si mesma. Isto é, no cotidiano distinguimos como brincadeira qualquer atividade vivida no presente de sua realização e desempenhada de modo emocional, sem nenhum propósito que lhe seja exterior.

Em outras palavras, falamos em brincadeira cada vez que observamos seres humanos ou outros animais envolvidos no desfrute do que fazem, como se seu fazer não tivesse nenhum objetivo externo. No entanto, embora comumente estabeleçamos essas conotações ao falar de brincadeira, na atitude produtiva de nossa cultura deixamos de perceber que aquilo que a define (a brincadeira) é um operar no presente. Parece-nos que ao brincar as crianças imitam as atitudes dos adultos, como se estivessem em preparação para a vida futura. Como resultado disso, a brincadeira tem sido com frequência vista por psicólogos e antropólogos – embora haja exceções (Bateson, 1972) – como uma atividade que as crianças ou os animais jovens realizam como preparação para a vida adulta, como se esta fosse o seu propósito biológico. E nesse processo, não enxergam a sua falta de intencionalidade.

Quero agora modificar esse ponto de vista, reconhecendo que aquilo que conotamos, ao falar em brincadeira na vida diária não profissionalizada, é uma atividade vivida sem objetivos – mesmo quando, por outro lado, tenha um propósito. E que com frequência a realizamos de modo espontâneo, tanto na infância quanto na vida adulta, quando fazemos o que fazemos atendendo – em nosso emocionar – ao fazer e não às suas consequências.

A propositividade e a intencionalidade são formas humanas de viver, nas quais se justifica o que é feito mencionando os resultados esperados. Além disso, como domínios operacionais em nossa cultura ocidental, a propositividade e a intencionalidade são sistemas de conversação (entrelaçamentos do linguajear com o emocionar), nos quais refletimos sobre as consequências do nosso fazer. Dessa maneira, geramos em nós mesmos uma dinâmica emocional que afasta continuamente nossa atenção daquilo que fazemos no momento em que o fazemos, e a dirige para suas supostas consequências. Por isso, não são os movimentos ou as operações realizadas que caracterizam um comportamento específico como brincadeira ou não, mas sim a atenção (orientação interna) sob a qual ele é vivido enquanto se realiza. É por essas razões – embora não o percebamos – que em geral classificamos o comportamento animal como brincadeira ou não segundo a intencionalidade ou propósito que nele vemos.

 Entretanto, ao fazer essa classificação não percebemos que nossa afirmação de intencionalidade ou propositividade revela a preocupação com as consequências das ações do animal observado, e assim pertence às nossas reflexões na linguagem e não revela nenhuma característica de tais ações. Todo comportamento vivido fora dos domínios do propósito ou da intencionalidade ocorre como válido em si mesmo. Se é vivido dessa maneira, é vivido no brincar. Só nós, humanos, assim como outros que como nós vivam na linguagem, podemos viver comportamentos que não pertencem ao brincar.

 O bebê encontra sua mãe na brincadeira antes de começar a viver na linguagem. Todavia, a mãe humana pode encontrar o bebê na linguagem e *no brincar*, pois já está na linguagem quando começam as conversações que constituem o seu bebê. Se a mãe humana encontra o bebê no brincar – ou seja, na congruência de uma relação biológica na total aceitação de sua corporeidade –, ele é visto como tal. E assim é confirmado em seu ser biológico, no fluxo de seu crescimento e transformação corporal como um bebê humano em interações humanas. A mãe pode não se encontrar com o bebê na brincadeira, seja por causa de suas expectativas, desejos, aspirações ou ilusões, seja porque seu olhar e o do bebê – ou suas respectivas orientações na ação – não se encontram. Nesse caso, a biologia do bebê é negada – ou não é confirmada – no fluxo de seu crescimento e transformação corporal como um bebê humano em interações humanas. Se essa negação do bebê só acontece de modo ocasional, não surge nenhuma dificuldade fundamental no seu crescimento. Porém, se o desencontro entre a mãe e o bebê se torna sistemático, prejudica-se o crescimento deste. Surge então uma criança com alterações fisiológicas e psíquicas.

Em termos gerais, essa deterioração do desenvolvimento de um bebê por causa do desencontro com a mãe não é um fenômeno peculiarmente humano. Qualquer bebê mamífero que não encontre, no brincar, uma mãe que o confirme como bebê terá dificuldades para crescer como um adulto normal, capaz de viver a vida solitária ou comunitária de sua classe. Habitualmente não percebemos que todas as atividades dos animais que não existem na linguagem ocorrem no brincar. E assim é porque as distinguimos em termos daquilo que nos parece sua finalidade, ao falarmos delas nas conversações de propositividade e intencionalidade próprias de nossa cultura, por meio das quais nos afastamos do presente. Na esfera não humana da não linguagem, a criação, a higiene, a busca de alimentos, a briga, a defesa dos cães, a corte, o acasalamento – todas essas são atividades realizadas e vividas tal como nós, humanos, vivemos o brincar quando brincamos.

Conforme introduzimos propósitos e intencionalidade na descrição de nossas ações ou nas reflexões que fazemos sobre elas – quando falamos ou refletimos sobre o que fazemos –, dirigimos nossa atenção para além do presente de nosso fazer: nós a desviamos para o que esperamos como resultado desse fazer. Ao proceder assim, enquanto interagimos com outros seres humanos que não se movem como nós no mesmo desvio de atenção, deixamos de vê-los, pois entramos num domínio de ações (num emocionar) incongruente com eles. Se esse desvio de atenção acontece a uma mãe em suas interações com seu filho, ele vive tais interações na negação operacional de sua identidade. Assim, não é confirmado em sua corporeidade (biologia) como um ser humano em crescimento. Tal desvio de atenção materna pode ocorrer sob qualquer circunstância específica de interações.

Desse modo, se a criança está sendo alimentada no momento em que surge incongruência emocional entre ela e sua mãe, essa criança, na qualidade de organismo *Homo sapiens sapiens*, pode ser nutrida. Mas não é vista como um ser humano em crescimento e tem essa condição negada. Tal deslocamento de atenção para além do presente – e dirigido à finalidade do que se está fazendo – também acontece com os adultos no curso de suas interações. Isso se dá quando os propósitos e a intencionalidade predominam e são postos a serviço das preocupações (ou interesses) pessoais, em prejuízo da cooperação ou participação nas tarefas comuns. Quando tal ocorre, o adulto ou adultos que interagem não se percebem mutuamente ao entrar num desencontro emocional que em geral é vivido como uma falta de compreensão no domínio racional.

Emoções

Na vida cotidiana, o que classificamos como emoções quando observamos o comportamento animal ou humano são, como fenômenos biológicos, configurações corporais dinâmicas. Estas, ao especificarem a cada momento os possíveis cursos de mudanças de estado de um organismo, determinam nele, a cada instante, um domínio de ações possíveis. Como mamíferos – e em particular como seres humanos –, vivemos num fluxo emocional consensual que aprendemos ao coexistir em comunidade com outros, desde o seio materno.

Além disso, como foi dito antes quando falamos sobre o conversar, nosso emocionar humano flui entrelaçado com o linguajear. Assim, muitas dimensões desse fluxo emocional consensual são peculiares a nós como seres humanos, pois emergem como variações de nosso emocionar de mamíferos. E o fazem uma vez que este se expande para os novos domínios de coordenações de ações que surgem em nosso viver no linguajear. Nessas circunstâncias, a congruência do agir requer a congruência do emocionar. É por causa disso que um desencontro ou incongruência do emocionar entre duas pessoas em interações recorrentes resulta em que elas seguem cursos de ações descoordenadas e frequentemente contraditórias.

Em seu crescimento normal, uma criança adquire, por meio das interações com sua mãe e outros membros da comunidade em que vive, o domínio consensual multidimensional de coordenações emocionais próprias de sua família e cultura. Como resultado, normalmente a maioria dos desencontros emocionais vividos, em suas interações, pelos membros de uma família ou cultura, são ocasionais e transitórios. São, portanto, de consequências transitórias para seu modo de emocionar nos domínios de coexistência em coordenações comportamentais consensuais. No entanto, quando o interagir em desencontro emocional se transforma em um modo cotidiano de coexistência para os membros de uma família ou cultura, estes inevitavelmente entram numa crescente dinâmica de incongruência corporal, que reduz continuamente suas possibilidades de operar nas coordenações comportamentais consensuais da família ou cultura.

Se esse desencontro emocional ocorre na relação mãe--filho, a criança não cresce de modo natural, tanto em seu desenvolvimento sensório-motor como no desenvolvimento de sua consciência corporal e autoconsciência. Ela cresce como uma criança incapaz de participar de relações interpessoais naturais de mútua aceitação e respeito na vida adulta. Se esse desencontro emocional se transforma num modo de viver entre os adultos, o crescimento na incongruência corporal que acontece entre eles conduz a uma contínua redução de seus domínios de mútua aceitação em coordenações consensuais de ações e emoções. O resultado eventual é o sofrimento pela negação mútua recorrente e, no limite, a solidão emocional. A única cura para tal sofrimento é a entrada num espaço de mútua aceitação, o que não pode acontecer a menos que esses adultos tenham aprendido a fazê-lo enquanto cresciam em relações de brincadeira com suas mães.

O que fazer?

O que fazer? Apresentarei minha resposta a essa pergunta ao descrever o que penso sobre o desenvolvimento da consciência corporal e o conhecimento do corpo, no processo de constituição do Eu e da consciência social humana em que cresce a criança. Farei isso por meio da descrição do que faço com as mulheres que seguem meus "Seminários de Ecopsicologia Maternal", e também do que lhes digo quando, nesses seminários, oriento suas ações.

Ritmo corporal

Os ritmos corporais e o fluxo das configurações de coordenações sensório-motoras, no estreito contato corporal que acontece entre mãe e filho, são a base da qual surge a consciência humana.

O bebê em crescimento vive num fluxo de configurações temporais como formas rítmicas de movimentos recorrentes no ventre materno. Protegido e seguro, num devir pulsante e polirrítmico, o embrião cresce desenvolvendo seus próprios ritmos corporais em dueto com os da mãe, que o contém e alimenta em seu útero: ritmo cardíaco, respiração, movimentos e vibrações da voz materna.

Após a íntima relação no útero entre o bebê que cresce e sua mãe, o processo epigenético inicial mais importante para o desenvolvimento da consciência humana ocorre na musicalidade elementar dos ritmos corporais vibratórios e sonoros da relação materno-infantil, enquanto a mãe dá de mamar, acaricia, embala, fala, acalanta e balança o berço do recém-nascido.

Para que as mães cheguem a ser capazes de produzir, para a criança, um ambiente melódico harmônico elementar no começo de sua vida – e também para que elas se tornem capazes de ter uma ressonância ótima com a competência rítmica básica da criança no espaço em que esta encontra o mundo e começa a viver –, exercitamos divisões compassadas do espaço e do tempo. Fazemos isso por meio de ritmos sonoros no contar, cantar e recitar palavras e sons. Para tanto, escutamos o ritmo de nosso coração e seguimos a frequência de nossas pulsações, mergulhando numa fina rede de sons que criam um espaço. Assim, simplesmente cantamos ao compasso do bater de nossos corações, ou brincamos cantando qualquer coisa, seguindo o ritmo dos intervalos elementares de nossas pulsações. Recuperamos a velha e quase esquecida tradição do acalanto e das canções de ninar, e descobrimos que elas evocam nossos ritmos fundamentais. Buscamos e anotamos canções de ninar do nosso país e de todo mundo e as cantamos em conjunto.

Peço às mulheres que observem e anotem as expressões musicais elementares espontâneas de seus filhos. Elas anotam e registram o que eles cantam quando creem que não estão sendo observados, bem como as circunstâncias e situações nas quais cantaram. Além disso, convido as mulheres para que elas mesmas entoem as canções cantadas por seus filhos, e peço-lhes que recordem os primeiros sons de suas brincadeiras. Brincamos de diálogos rítmicos e produzimos sons nos intervalos elementares do ritmo cardíaco, para ter capacidade de sentir o jogo sonoro rítmico das crianças pequenas.

Pergunto às mulheres quais são as rimas e cantigas que seus filhos preferem. E logo as repetimos em conjunto, batendo palmas compassadas ao mesmo tempo em que as recitamos e dançamos, seguindo os seus diferentes ritmos. Pergunto-lhes quais as canções que seus filhos sempre cantam e gostam de ouvir, e as cantamos. Cantando, praticamos histórias e contos de fadas. Finalmente, falamos com as crianças, sempre cantando.

As mulheres desfrutam de todas essas atividades e as fazem com gosto. Trata-se de atividades que não têm significado além delas mesmas, que são executadas sem nenhuma referência a uso ou propósito. Contudo, elas abrem a consciência para o nosso ser no presente, num espaço experiencial comparável ao que as mães viveram em sua infância e que seus filhos vivem agora ou viveram ao nascer.

Equilíbrio corporal

Há processos e configurações de movimentos simples que a criança precisa viver para construir os espaços sociais de relação nos quais irá existir por meio do desenvolvimento de sua consciência corporal. Eles são tão simples que nós, adultos, em geral não os percebemos, mesmo nos casos em que mães atentas normalmente podem recordá-los quando perguntadas. Por isso, falo com as mulheres sobre como surgem, nas crianças (como um processo de orientação e modelagem corporal espontânea na liberdade da brincadeira), as habilidades rítmicas básicas de balanceio, produção de simetria nos movimentos, equilíbrio ao balançar em torno de um ponto central...

Em resposta, uma mulher pode dizer: "Sim, não é possível passar junto a uma pedra, uma pequena parede ou um tronco caído sem que a criança queira equilibrar-se. Elas se dependuram nas portas e cadeiras, saltam sobre as camas e exercitam suas habilidades de equilíbrio nas bicicletas". Outra mulher pode dizer: "Ah, e quando elas rabiscam, com frequência fazem lindos desenhos só com as linhas com que dividem proporcionalmente a folha de papel".

Assim, percebemos que as crianças se ocupam em criar equilíbrios em todas as áreas de seus sentidos, e não só no movimento corporal. Isto é, elas criam ordem de modo espontâneo, buscando o ponto médio entre os extremos. Por exemplo, entre o ruidoso e o suave, o alto e o baixo, em relação ao som, ou entre luz e obscuridade, brilho e opacidade, no âmbito visual.

As mulheres e eu brincamos buscando o equilíbrio no âmbito da cor. Por exemplo, ordenando as cores das mais claras às mais escuras e distinguindo as intermediárias. Ou então, buscamos o equilíbrio no âmbito do som, procurando um ponto médio entre dois extremos de intensidade sonora. Enquanto fazemos isso, uma mulher pode de repente dizer:

"Minha filha Verena (que tem 4 anos e meio) durante um certo período só pintava escalas de cores. Na parte mais alta do papel, preenchia o espaço com amarelo e, na mais baixa, com violeta. Punha o verde no meio". Assim, ela criava um ponto intermediário numa área específica de distinções cromáticas. Entretanto, o que as crianças mais gostam é a busca e o encontro do equilíbrio no contato corporal com suas mães.

Brincamos muito criando situações nas quais elas têm de regular seu próprio equilíbrio numa variedade de posições sobre os corpos das mães, estando estas sentadas, deitadas ou de pé (Figura 1). Nessas brincadeiras, as crianças estão em seu elemento. Enquanto brincam, exercitam e diferenciam suas habilidades de equilíbrio. Animadas por serem convidadas a brincar dessa maneira, inventam uma variedade de jogos ousados e suaves com suas mães e sobre os corpos destas.

As mulheres me dizem que seus filhos se lembram de todos os exercícios de equilíbrio que fizeram juntos nos pequenos grupos regionais de brincadeiras materno-infantis. E que em casa querem brincar de cavalinho, montar e voar com elas e os pais. As mulheres se tornam animadas e reflexivas, vendo a felicidade com que seus filhos fazem jogos de equilíbrio, e me pedem que façamos também tais exercícios – e os de sensibilidade corporal – nos grupos de mães. Perguntam-me por que razão as crianças desejam fazer tais jogos com elas. Como resposta, digo-lhes que as crianças têm a capacidade inata e a necessidade biológica de aprender a equilibrar-se. Têm também necessidade de dominar e manter o equilíbrio sob muitas circunstâncias diferentes, e o fazem por meio de movimentos vibratórios de ajuste. A forma fisiológica mediante a qual fazem isso, em seu desenvolvimento, acontece no fluir de suas interações corporais ao brincar com as mães.

Também digo às mulheres que as crianças sentem, no momento de equilibrar-se em interação com suas mães, que estas estão completamente concentradas e em total aceitação mental e corporal. E o fazem sem se distrair com nada, e sem prestar atenção a outra coisa que não seja o seu "ato", como frequentemente dizem, e sabendo que isso é essencial para o desenvolvimento psíquico e corporal sadio de seus filhos. Além do mais, no curso desses exercícios de equilíbrio, as mulheres que interagem com seus filhos experimentam um profundo sentido de segurança na vibração corporal destes. Ao mesmo tempo, as crianças sentem que suas habilidades são postas à prova de modo amoroso, pois devem regular seu equilíbrio numa posição pouco habitual sobre os corpos maternos que as acolhem totalmente – o que as deixa muito felizes.

Algumas mulheres se queixam de dores nas costas. Quando isso acontece, fazemos com cuidado exercícios individuais de concentração e equilíbrio. Estes são principalmente orientados para relaxar as espáduas e alongar a coluna, de tal maneira que o tônus muscular baixe, o que permite recuperar a flexibilidade original. Elas também desejam aumentar sua apreciação pelas situações em que seus filhos exercitam espontaneamente a capacidade de equilíbrio. Trabalhando com a própria sensibilidade corporal, despertam sua consciência de tais situações pela ampliação do conhecimento do corpo. Nesse processo, elas se tornam também perceptivas de muitos outros fatos habitualmente simples em relação a seus filhos, que em geral passam despercebidos. Normalmente, nessas circunstâncias desejam compreender a importância da invenção e prática do equilíbrio corporal como um processo básico no desenvolvimento da consciência individual e social da criança.

O fato de as mulheres se interessarem pela compreensão do desenvolvimento da consciência infantil é importante para que esse processo ocorra com seus filhos, já que é só graças a tal compreensão que elas podem proteger e estimular o livre brincar, em total confiança e intimidade, do contato corporal materno-infantil que o torna possível.

Com efeito, quando elas compreendem essa relação entre as consciências corporal, individual e social, querem, do mesmo modo que seus filhos, experimentar e sentir ainda mais seus próprios corpos como instrumentos precisos e sensíveis de consciência. Desejam ultrapassar as frustrações, dores e tensões da vida moderna. Nesse processo, tornam-se conscientes da beleza de seus corpos e do corpo humano, por meio do encontro paciente e amoroso com ele, à medida que entram em contato paciente e amoroso com o corpo de outro ser humano na corporeidade de seus filhos.

Movimento

Converso com as mulheres acerca do longo processo da história dos seres vivos mediante o qual a posição ereta do homem assim como outras capacidades corporais humanas surgiram como parte da contínua transformação na forma de viver de muitas classes sucessivas de animais. Faço isso para que elas possam perceber suas próprias capacidades corporais constitutivas, e também suas possibilidades de explicá-las. Como resultado, elas veem a si mesmas como parte de uma história mais fundamental do que suas circunstâncias particulares, e se atrevem a tentar novas aventuras em experiências corporais, depois dos jogos de ritmo e equilíbrio.

Na preparação para o reconhecimento de que os movimentos livres, não inibidos, têm uma importância fundamental para a construção da autoconsciência e da consciência social da criança em crescimento, encorajo as mulheres a recordar com seus corpos as diferentes formas de movimento que seus filhos experimentaram em seu desenvolvimento, desde a condição fetal no útero até a plena posição ereta humana. Além disso, alerto-as sobre as diferentes maneiras e habilidades de movimento que normalmente aparecem em sucessão ao longo do desenvolvimento infantil. E também acerca dos diferentes modos pelos quais as crianças constituem seus territórios e dão forma aos seus domínios de existência, por meio do desenvolvimento de suas habilidades de movimento, numa diferenciação expansiva de suas capacidades corporais motoras.

Pergunto às mulheres: "Vocês podem me dizer o que uma criança vê, cheira, ouve, toca ou sente quando engatinha? Ou o quão longe ela se afasta de sua mãe quando engatinha?" Elas dizem: "Não podemos". Respondo: "Tentem. Seus corpos podem recordar. Tentem dançar o desenvolvimento motor de seus filhos. Esqueçam o mundo que as rodeia, comecem dentro de vocês mesmas, lembrem-se de si próprias. Esqueçam-se umas das outras e de onde estão. Apenas comecem a representar os movimentos de seus filhos". De repente, de uma forma quase incrível, acontece de verdade: e o meneio e o engatinhar começam com inocência, num processo em que elas criam, com seus movimentos, as formas e ritmos que viram em seus filhos e que elas mesmas também viveram quando crianças.

Depois de alguns minutos de meneios e engatinhamento no chão – e na contínua transformação de seus movimentos – as mulheres por fim alcançam a posição ereta e se perguntam:

o que acontece depois disso, no desenvolvimento do movimento da criança? Nesse instante, ao se fazerem essa pergunta, elas percebem a enorme expansão de consciência na diferenciação motora que emerge na criança com a posição de pé. Também se dão conta de que, no encanto da dança e na graça do brincar com os ritmos dos movimentos elementares na posição ereta, a criança tece o seu mundo como domínio de existência, à medida que liga uma forma de movimento a outra: caminhar, brincar, saltar, galopar...

Com essa nova consciência – e por meio da compreensão de nossas atividades sensório-motoras –, tentamos entender melhor situações como a seguinte. A pequena Gabi pulava com os sapatos de salto alto de sua mãe, que lhe pediu que os tirasse porque era muito perigoso pular com eles. Ao ouvi-la, a criança, sem interromper o ritmo dos saltos, suplicou, chorosa: "Não, não, deixe, é melhor pular com estes sapatos, o som é tão bonito". Saltar é música.

Em síntese, é percebendo pela experiência como uma criança configura no mundo o domínio da existência que vive, pela transformação de sua capacidade de mover-se, que conseguimos ficar abertos à compreensão de que devemos permitir-lhe simplesmente ser. Isso ocorre quando lhe oferecemos espaço e tempo livres para que dê curso espontâneo ao emprego de suas habilidades motoras inatas, num domínio de mútua aceitação e respeito. Mediante o livre viver dos ritmos e das formas espontâneas de seus movimentos, as crianças experienciam a si mesmas, a seus territórios, a seus âmbitos de existência e, de fato, criam o seu entorno.

Só quando permitimos que a atividade motora infantil ocorra na espontaneidade da livre brincadeira, a criança pode chegar à plena consciência operacional de seu corpo e possibilidades. Na realidade, só quando uma criança conhece de modo operacional sua cabeça, pés, braços, ventre e costas, como seu próprio corpo em movimento, é que ela pode conhecer o acima, o abaixo, os lados, o em frente e o atrás como características do mundo em que vive. E assim pode saber que há algo em cima, em baixo, à frente, atrás ou ao lado, criando tudo isso com seus movimentos.

É só por meio deles que uma criança pode tomar consciência operacional da forma dinâmica de sua corporeidade. E é só quando ela está operacionalmente consciente dessa corporeidade, que pode vivê-la como o padrão de orientação (o esquema corporal humano) com o qual constitui e organiza seu entorno e nele se orienta. Em outras palavras, é só por meio de meus próprios movimentos que chego a tomar consciência operacional de minha forma corporal humana como padrão de ordem. E é só quando estou operacionalmente consciente de meu corpo, como um âmbito de movimentos, que posso criar um mundo coerente com o espaço operacional em que vivo, constituindo-o como um entorno no qual posso me mover com liberdade. Ou seja: meu entorno, meu mundo, é, de modo operacional, a expansão do meu corpo.

A configuração que uma criança faz de seu entorno (ou espaço circundante) como um domínio de movimentos é reforçada pelas brincadeiras rituais como a amarelinha, a "pata manca", jogos comuns com diferentes nomes em todo o mundo. Nessas brincadeiras rituais, o esquema corporal é desenhado ou marcado com fitas no chão, e se cantam ou recitam sílabas e números enquanto se dança sobre ele.

Finalmente, as mulheres percebem, quando cantam e dançam os movimentos e ritmos de sua infância, que elas se tornam crianças outra vez e, mergulhando no que fazem, descobrem como elas, meninas, geraram o mundo em que vivem.

Signos elementares

Nos primeiros meses e anos de sua vida, uma criança constrói gradualmente, brincando – ou seja, por meio do seu operar em coordenações sensório-motoras na brincadeira –, sua consciência corporal operacional. Além disso, é mediante a sua consciência corporal operacional no âmbito das coordenações sensório-motoras que envolvem sua superfície tátil (que nós, como observadores, vemos como "seu viver no tocar e ser tocada"), ou que envolvem sua superfície visual (que vemos como seu "viver seus olhos na visão"), ou ainda que envolvem sua superfície gravitacional (que vemos como seu "viver seus movimentos no balanceio") que a criança gradualmente constrói seu entorno como um espaço de coordenações sensório-motoras (que percebemos como um espaço de ações e comportamentos). Em outras palavras, à medida que a criança cresce, transforma a operacionalidade motora de seu corpo num espaço circundante com dimensões como em cima e em baixo, adiante e atrás e lados alternativos. Cada um deles é constituído como uma configuração diferente de coordenações sensório-motoras, que envolvem de modo distinto seus músculos e superfícies sensoriais.

Quando estão demasiadamente contidas, as crianças com frequência percorrem, de modo espontâneo, caminhos circulares e elípticos. Ou então configuram, por meio de saltos, um entorno imediato segundo as dimensões dinâmicas de sua corporeidade, indo em linhas verticais e horizontais, ângulos retos, cruzes, quadrados, ziguezagues, espirais e serpenteios. Fazem isso de um modo assombrosamente sistemático. Assim podemos ver, na ruas das cidades e aldeias, que as crianças organizam seus movimentos ao redor das lajotas retangulares, ou desenhos de caracóis ou espirais, ou de seu esquema corporal, enquanto brincam e cantam seus movimentos. Por exemplo, um jogo favorito que elas dançam nas ruas onde podem fazê-lo é:

e um	*um chapéu*	*para a frente*
e dois	*um bastão*	*para trás*
e três	*um guarda-chuva*	*de lado.*

As crianças também começam a desenhar linhas verticais, horizontais, cruzes, círculos, diagonais (iniciando pelo canto mais baixo da direita e indo até o canto mais alto da esquerda, e do canto mais baixo da esquerda ao mais alto da direita), triângulos, quadrados e espirais sobre qualquer superfície. Fazem isso depois que começam a mover-se independentemente de suas mães e têm oportunidade de caminhar segundo as linhas de seu corpo, em casa, no jardim e na rua. Desenham durante muito tempo, sem distrair-se do que estão fazendo. Elas gostam de fazer isso, especialmente em grandes superfícies como o piso dos cômodos, os muros, o pavimento da rua, as praias com areia ou grandes folhas de papel branco que lhes dou nos grupos de jogos materno-infantis. Dessa maneira, a criança estende o eixo de seu corpo e a direção de seus movimentos ao que vemos como o seu entorno imediato. (Figuras 2, 3, 4 e 5).

Paras as crianças, desenhar dessa maneira é como dançar o conhecimento de seu corpo – tanto quanto suas possibilidades de movimento – com as mãos. Desse modo, elas ligam as formas que experimentaram com seus movimentos corporais num certo domínio de coordenações sensório-motoras com outras formas ou configurações ornamentais que experimentaram ou viveram num domínio de coordenações sensório-motoras diferente. Ao fazer isso, costumam dizer: "Traçar linhas é lindo"; ou: "Mamãe, fiz um desenho, um lindo desenho".

Durante esse período, é importante – para que a criança confie em suas habilidades inatas e para que desenvolva sua autoaceitação e respeito – que a mãe demonstre seu prazer diante dos pontos coloridos, círculos, bolas, linhas, cruzes, triângulos, quadrados e espirais feitos por ela. É também importante, nessa fase – para que as mães aceitem o que acontece com a criança –, que de vez em quando elas também usem um pouco de seu tempo desenhando esses signos elementares em grandes folhas de papel, sentadas no chão. Ao fazer isso, as mães brincam com esses signos da maneira com que seus filhos dão forma e significado a seus espaços perceptivos crescentes. E assim podem reconhecer que o objeto percebido é criado pela combinação de dimensões operacionalmente muito simples. Junto com as crianças e os artistas, elas podem descer à "pré-história do visível", como disse Paul Klee. Podem então experimentar o que Paul Cézanne queria dizer quando falava que "na natureza, todas as coisas têm a forma de bolas, cones, cubos ou cilindros".

O espaço

As mulheres procuram entender o que seus filhos fazem em seu "espaço de jogos", o qual para eles é como seu "espaço de existência".

As crianças estabelecem para si próprias pontos de referência como pontos imaginários (que chamamos assim porque não os vemos como elas os veem) de começo e fim. Elas correm, brincam e saltam, seguindo as conexões e caminhos imaginários que unem tais pontos. Dividem essas rotas imaginárias com marcas. Saltam de uma marca para outra, repetindo sempre seus movimentos de modo ritual; cantam ou recitam sílabas ou rimas ao ritmo de seus movimentos. Às vezes, simplesmente contam os passos em seus trajetos e fazem tudo isso totalmente absortas, como se quisessem imprimir o que fazem em suas mentes. Depois de um certo tempo, mudam seus movimentos e correm com rapidez de um ponto a outro nas rotas que estabeleceram. Ou, subitamente, começam a pular ao longo de sua rota imaginária, depois de ter brincado nela por um instante.

Cada coisa é feita pelas crianças como se elas quisessem fixar em suas mentes o que fazem, como se dissessem a si mesmas: "Devo cantar, dam da dam, da, tantas vezes; depois devo percorrer minha rota pulando uma vez"; ou: "Meu caminho tem tantos pulos de distância"; ou ainda: "Meu caminho me toma tantos saltos de distância, do ponto inicial até o fim". Elas não dizem isso, mas agem como se o dissessem: por meio do ritmo, constroem o tempo. A extensão temporal do caminho seguido por elas é uma ideia, uma abstração de seus movimentos corporais no domínio dos ritmos.

O caminho não existe, como poderíamos dizer, de uma maneira concreta e palpável. A rota é construída pela criança no mais profundo de si mesma, como um processo de memória no comportamento. Ela é construída ao recordá-la (refazê-la) nos diferentes passos que são necessários para que a criança se mova do começo ao ponto final. No mais íntimo do seu ser, isto é, na percepção operacional de seu corpo, os diferentes passos que constituem a rota são integrados como uma operacionalidade específica. E esta, se usada como tal, dá origem à rota como Gestalt ou configuração operacional que a constitui.

É por meio dessa síntese corporal sensório-motora que a criança constitui, mediante configurações de coordenações sensório-motoras, as dimensões espaciais como à frente e atrás e as dimensões temporais como antes e depois. Por meio delas, a criança constrói os mundos que vive e viverá como diferentes domínios de coordenações sensório-motoras. Sem essas configurações de consciência corporal e operacional não há caminho: só há o que acontece quando o pé toca a terra. Não há mundo ou mundos: só existem sensações isoladas.

Ao brincar, as crianças constroem suas relações espaciais, seus domínios de ações, as configurações (Gestalts) sensório-motoras que – à maneira de operações com relações e ações – vemos emergir como se elas, crianças, lhes dessem origem, operando na interioridade de suas mentes. Isso ocorre num espaço imaginado anterior ao espaço que elas constituem, de fato, no fluir de suas dinâmicas corporais. Elas geram seus espaços de ações e domínios relacionais conectando muitos pontos ou momentos sensório-motores diferentes de seus movimentos, como operações relacionais discretas em muitas configurações dinâmicas coerentes e novas. Estas expandem seus domínios de coordenações sensório-motoras.

Antes de começar a viver na linguagem, a criança constrói seu espaço de ações como um simples âmbito relacional corporal. Contudo, quando ela principia a viver no linguajear, a criação do espaço infantil se expande a todos os domínios de coordenações de ações que ela começa a gerar nas interações que vive com sua mãe e outros adultos e crianças, com quem convive segundo esse novo modo de viver na convivência do linguajear.

Essa criação de espaços da criança em crescimento – em especial no domínio do linguajear – é a conquista espiritual mais básica. É o fundamento efetivo de seu pensamento operacional e abstrato. Com dificuldades e muito esforço, as mulheres começam a perceber que o bebê e a criança realizam suas capacidades básicas para desenvolver-se como seres humanos efetivos pelo desenvolvimento de sua consciência corporal operacional. E o fazem à medida que criam seus próprios espaços de relações e ações na brincadeira, enquanto interagem no domínio humano. Mais ainda: as mães percebem que, na criação de relações temporais e espaciais pela criança em crescimento, a realização individual dessa capacidade básica para a abstração operacional é um requisito necessário ao desenvolvimento de sua habilidade humana de operar como um ser social de uma forma baseada na consciência individual e, portanto, para sua realização efetiva como uma entidade social humana.

Por meio da repetição rítmica de seus movimentos no livre brincar, sem inibições, as crianças especificam e quantificam relações espaciais exatas. Nessas repetições rítmicas, ao cantar e recitar elas definem um domínio abstrato de ações que relaciona sucessões de relações espaciais. Isto é: constituem o espaço e o tempo por meio da brincadeira espontânea, e o fazem como diferentes redes de coordenações sensório-motoras, que especificam diferentes domínios de ações. Criam *quanta* espaciais e temporais, que fazem variar pela mudança do ritmo de seus movimentos repetitivos. Com o objetivo de entender completamente a capacidade fundamental para a abstração operacional que as crianças realizam na constituição do espaço e do tempo, as mulheres procuram viver de novo essa criação mediante seus próprios movimentos. Para fazer isso, elas se movem como as crianças, criando com seus próprios corpos os caminhos que constituem seu espaço. E procuram representar graficamente os passos com os quais criaram esses caminhos, desenhando as trilhas que haviam contado e cantado antes.

Pouco a pouco, as mulheres entendem. Na primeira infância, por meio da brincadeira e enquanto vivem muitas experiências recorrentes de movimento, tocando, balanceando e fazendo ritmos, as crianças gradualmente constituem e desenvolvem o conhecimento operacional de seus corpos em muitas configurações de redes entrecruzadas de coordenações sensório-motoras. Se olharmos para crianças em crescimento, veremos que elas se movem e se orientam no que chamamos de seu ambiente ou entorno.

Entretanto, o que elas na verdade fazem é constituir e estruturar o seu mundo como um domínio de coordenações sensório-motoras, que surge da expansão de seus corpos à medida que adquirem controle deles. Além do mais, como fenômeno humano, esse é um processo no qual elas se expandem de modo vertiginoso. E o fazem quando começam a viver na linguagem, numa contínua criação, expansão e transformação de muitos domínios inter-relacionados de coordenações de ações com outros, na realização de suas correlações sensório-motoras que só terminam com a morte.

Durante esse processo, na primeira infância, as crianças vez ou outra desenham *uma casa*: em geral, um retângulo encimado por um triângulo. Cada mãe conhece a casa de seu filho. Todas as coordenações e direções essenciais do corpo estão contidas nessa casa. Contudo, mais para o fim da primeira infância, de repente o conhecimento que as crianças têm de seus corpos – e do que elas constituíram como seu ambiente imediato, em seu espaço de *brincadeira* – se liberta do que nós, observadores externos, chamamos de concreto e palpável.

E então elas nos aparecem como escapando do que vemos como aquilo que pode ser diretamente experimentado. As linhas do corpo se estendem como traços espaciais. Estes são, na vida da criança, inicialmente coordenações sensório-motoras que constituem conexões num espaço de brincadeiras. Na qualidade de observadores externos, nós os vemos como deslocamentos num ambiente e, logo, correlações sensório-motoras que constituem conexões em um espaço de brincadeiras. Não vemos esse espaço como parte de um ambiente externo à criança, que nos aparece como ocorrendo só como um espaço abstrato, interno, por meio do que consideramos movimentos imaginados.

Quando essa condição surge, as crianças começam a viver algumas de suas correlações sensório-motoras como experiências corporais e motoras, que vemos nelas como a distinção do espaço num sentido amplo, incluindo o céu e as estrelas. Nesse processo, elas começam a ser capazes de olhar para mais longe, longe daqui e do agora. Olhar em sua *imaginação*, de uma maneira espacial e temporal. Tal acontece à medida que elas configuram, mediante sua consciência corporal, o domínio das relações espaçotemporais. (Figuras 6 e 7).

Ao nascer, a criança é apenas uma possibilidade embrionária de consciência e reflexão sobre si mesma. É só ao longo do período de maturação de sua primeira infância que ela constitui espontaneamente – por meio das brincadeiras naturais com sua mãe e outros adultos e crianças – a maneira de viver na linguagem. Esta constitui a consciência humana como uma distinção da consciência do próprio corpo, no contexto da diferenciação de outras corporeidades similares.

Só se a criança alcançar a autoconsciência – ao viver sua infância na riqueza da experiência sensório-motora de seus primeiros anos de vida, em interação corporal em total aceitação com sua mãe – ela pode se separar desta (ou do pai), com a corporeidade efetiva de um indivíduo socialmente seguro pela aceitação e respeito por si mesmo. Quando essa autoconsciência começa a aparecer, e a criança principia a se separar de sua mãe, ela é capaz de se orientar por meio de sua consciência corporal operacional no domínio humano de relações espaciais e temporais. Além disso, à medida que a criança cresce em autoconsciência, no domínio humano de relações espaciais e temporais, ela tem a possibilidade e é capaz de crescer como um adulto que não teme que sua individualidade vá perder-se ou se destruir por sua integração social. Nesse ponto dramático do desenvolvimento da consciência humana, a criança pensa e diz: "Mamãe morreu".

É claro que a mamãe não morreu, mas as crianças, em sua consciência corporal, separam-se da corporeidade materna. Isto é, não mais usam a distinção da corporeidade da mãe como o único ponto de referência em sua dinâmica sensório--motora de correlações ao construir o mundo circundante. Nesse ponto de seu crescimento, elas já viveram as experiências sensório-motoras que são um pré-requisito para a constituição da consciência humana: o livre movimento num domínio social, como um âmbito de relações espaçotemporais na aceitação de si mesmo e dos outros. A mãe e a criança o conseguiram. Como resultado, esta é capaz de ter o que vemos como um mundo imaginado. É capaz de orientar-se nele e de nele estar como um indivíduo total. Com outras palavras, tornou-se capaz de ver em sua mente a Gestalt (configuração) da vida humana como a sua própria vida, no movimento cíclico de avanço e retrocesso que constitui o espaço e o tempo.

Nesse momento, a criança principia a fazer perguntas sobre o começo e o fim da vida, isto é, perguntas filosóficas. Olhando para a frente, ela concebe o seu próprio futuro: "Mamãe, você sabe com quem eu vou me casar?" "Mamãe, você sabe o que eu vou ser algum dia?". Ela cria um espaço que permanece intacto à medida que vai e vem. Não poderia tê-lo criado antes de ter elaborado a sua recém-conquistada rede de correlações sensório-motoras no contexto do linguajear: aparecem as estrelas, o céu, a paisagem... Além do mais, à medida que ela cria em seu espaço de correlações sensório-motoras esse âmbito imaginado de identidades separáveis e permanentes – enquanto cresce em coordenações de coordenações de ações, em total aceitação mútua com sua mãe e outros adultos e crianças –, constrói o que vemos como sua mente interior, como seu domínio de relações com aquelas entidades imaginadas, permanentes e separáveis.

Por favor, não perguntem quando acontece essa transformação no crescimento da criança. Não perguntem em que idade ocorre essa metamorfose na qual suas experiências sensório-motoras – que em si são vividas como meros acontecimentos – tornam-se consciência humana na complexidade das relações humanas. Não perguntem em que idade a criança adquire a possibilidade de imaginar o intocável numa rede de dimensões espaciais e temporais. Isso não acontece em nenhuma idade: ocorre como uma mudança no domínio das relações infantis, à medida que as crianças crescem na consciência corporal em seu viver no linguajear, enquanto dançam em total aceitação recíproca com suas mães através da vida. Vi crianças de três anos que já tinham imaginação reflexiva tipicamente adulta, e outras que aos seis ainda não existiam no espaço relacional humano.

A maturidade de consciência alcançada por um ser humano depende de como ele vive como criança, na criação daquilo que vemos como um âmbito de coordenações de ações com sua mãe. Se a criança cresce numa aceitação corporal total por sua mãe – ao se encontrar continuamente com ela no brincar –, transforma-se num adulto afetuoso, que não teme perder sua identidade individual na aceitação dos outros como ser social. Não precisa reafirmar-se na negação dos outros, no curso de uma interminável competição. Entretanto, quando a criança, nas grandes cidades, não pode obter pelo livre brincar (isto é, mediante a aceitação corporal total) a consciência sensório-motora que constitui e fundamenta a consciência humana, ela não pode realizar plenamente o espaço relacional humano. Se quando isso acontecer ela não estiver de todo distorcida, o mínimo que ocorre é que permanecerá dependente do controle externo.

No entanto, há um signo indicador que a criança conseguiu acesso ao espaço relacional humano. Em minha pesquisa ecopsicológica, chamo-o de "esquema de orientação filogenética dos seres humanos". Esse signo tem a forma de um retângulo, dividido por duas linhas axiais e duas diagonais que se cruzam num ponto central. A criança o produz de modo espontâneo, no período em que atinge os fundamentos da consciência humana. A produção desse esquema é um indício de que ela doravante se orientará no domínio da imaginação humana, construindo o espaço e o tempo de maneira criativa. Chamo esse desenho de "esquema de orientação filogenética", porque ele surge como uma característica espontânea do desenvolvimento da criança que cresce na relação de total aceitação por sua mãe. Assim, trata-se de uma expressão da transmissão filogenética da realização da possibilidade que um bebê nascido de mãe humana tem de se tornar um ser humano. (Figuras 8, 9, 10, 11 e 12).

Todos nós, se fomos capazes de viver como seres humanos socialmente conscientes, tivemos em nossas vidas individuais as condições necessárias para nos desenvolver no modo em que surgem as consciências espacial, temporal e social humana. Também tivemos a possibilidade de construir nossos mundos mentais internos como o domínio humano imaginário de relações espaçotemporais.

Contudo, essas condições nem sempre ocorrem facilmente com as crianças de nossos dias porque, em nossa atual cultura ocidental, damo-lhes cada vez menos tempo e espaço livre para a *dança espacial* em estreito contato corporal na total confiança recíproca com a mãe, na qual surge a consciência humana. Temos consciência dessa condição. Em meu trabalho com Gabi e com os grupos de jogos materno-infantis, descobri que as crianças geram suas relações espaçotemporais criando, espontaneamente, signos elementares básicos que constituem os fundamentos operacionais e a corporificação dessas relações. Por isso, as mães e eu nos esforçamos para criar, por meio do uso desses signos, as condições que poderiam abrir a possibilidade de iniciar o desenvolvimento de tal consciência espaçotemporal nas crianças, com alguma esperança de que este se complete de maneira saudável.

Assim, formamos círculos ou espirais com fitas coloridas no chão, ou desenhamos dessa mesma forma o esquema de orientação filogenética humana. Este, por conter em sua construção todos os signos elementares, comporta todas as direções dos movimentos corporais como domínio de possibilidades. Pelo ritmo de nossos movimentos, construímos juntos a imagem prototípica do espaço de movimentos humanos sobre a geometria desenhada no chão. Com o fluir das formas e movimentos repetitivos – tanto quando dançamos as formas espaciais prototípicas, vez ou outra, quanto ao integrarmos essas formas às nossas rimas e canções –, criamos o tempo em nossa consciência corporal operacional como um domínio de correlações sensório-motoras.

Isto é: criamos o temporal por meio de nossos movimentos corporais, mediante movimentos repetitivos exatos entre pontos espaciais fixos. Nossas danças rítmicas criam a temporalidade e nossos pés, na dança e no ritmo, constituem a medida do tempo. Começamos a brincar com direções no espaço e, com os caminhos feitos por danças elementares repetitivas, fazemos uma coreografia elementar do começo e do término dos processos rítmicos que constituem o tempo como uma presença corporal em nossas correlações sensório-motoras.

Assim, por meio desse jogo espacial, vivemos a experiência de que um período de tempo (tal como uma canção) e uma distância no espaço (como uma certa sucessão de passos) não têm – como distinções em diferentes domínios de correlações sensório-motoras em nossa corporeidade – correspondência direta no tangível. Eles existem naquilo que na condição de observadores vemos como nossa imaginação, que é a fonte de todas as ideias. Por meio dessa experiência libertadora e surpreendente do espaço e do tempo como aspectos diferentes de suas dinâmicas corporais, as mães começam a entender e a respeitar o jogo espacial de seus filhos, quando estes se movem em seus espaços de brincadeira. Aprendem assim a aceitar e a confiar em seus corpos e nos dos outros, no processo de se tornarem seres sociais, como um aspecto de sua consciência corporal operacional.

A construção de teorias

Os períodos de tempo e a distância no espaço não têm correspondência direta com o que, na qualidade de observadores, vemos como tangível. O tempo e a distância são produtos de processos que chamamos de mentais ou da mente interior. E existem, desse modo, como aspectos de um domínio humano de existência que se constitui quando a mente humana surge com o espaço relacional humano imaginário. As crianças exercitam sua potencialidade inata para a abstração (e, portanto, seu potencial criativo humano) criando o tempo e o espaço ao brincar dançando sobre o esquema de orientação. Nesse processo, a demarcação de um espaço imaginado – e sua subdivisão em passos sequenciais, pela produção de tipos de movimentos repetitivos entre pontos fixos – constitui a construção operacional daquilo que um observador poderia chamar a primeira teoria espacial do Eu e do mundo por uma criança em desenvolvimento.

Em minha experiência, apresentar o esquema de orientação no mundo *externo* fascina as crianças. Com frequência, elas caminham sobre as linhas do esquema de orientação durante um longo tempo e as seguem cantando juntas. Ao que parece, para elas é assombroso – e ao mesmo tempo liberador de ansiedade – o uso, para a criação do mundo externo, dessa estrutura que equivale de maneira tão clara e completa à sua consciência corporal. É como se elas encontrassem a si mesmas na intimidade de seu lar, quando as correlações sensório-motoras chegam a ser identificadas com o *mundo* em que vivem.

As mães também praticam uma coreografia elementar sobre o esquema de orientação. Ao fazê-lo, criam seus caminhos dançados, põem-nos em prática e, finalmente, executam ritualmente pequenas criações espaçotemporais. Cada mãe contribui de alguma maneira que lhe é própria. Dessa forma, elas cristalizam diferentes configurações de arranjos espaçotemporais, depois de vivas discussões sobre os problemas de espaço e tempo.

Permitam-me descrever um desses acontecimentos. Uma mãe permanece no ponto central do esquema de orientação desenhado no piso, enquanto outras se localizam nos demais pontos de interseção das linhas do esquema. A mulher que está no centro pede que se movam as duas que estão paradas na linha horizontal à sua direita e esquerda. Logo faz o mesmo com as duas que estão na linha vertical à frente e atrás dela, e indica às que estão paradas nos extremos das diagonais que também devem começar a se movimentar. Depois de ir e vir por um momento, numa dança simétrica, aos pares sobre as cruzes axiais e diagonais, as mães giram ao redor do quadrado, cantando, num modo de caminhar que acaba sendo um fluxo espiral em direção ao centro. Por fim, essa espiral começa a se mover para fora e cada mãe volta à sua posição inicial no esquema de orientação.

A brincadeira dançada aqui descrita é só uma das incontáveis variações na construção de movimentos sobre o esquema de orientação que as mães criam em seu espaço de movimentos. Juntas, elas planejam sua dança; juntas, após a dança, elas planejaram, executaram graficamente, desenhando no solo, as trilhas que percorreram caminhando ou dançando em seu espaço de movimentos. Planejar e executar um jogo espacial sobre o esquema de orientação – e depois fazer uma reflexão gráfica sobre as rotas percorridas no espaço de movimentos – é um bom exercício de imaginação espacial, não só para as crianças mas também para os adultos.

Para as crianças, o planejamento, a realização e, finalmente, o registro gráfico dessas coreografias elementares, é a preparação mais iluminadora, mais efetiva e mais divertida para a abstração espaçotemporal (ou imaginação), que assim é a mesma para todos os seres humanos. Isto é: a atitude básica latente para a organização espontânea de configurações espaçotemporais no desenvolvimento da linguagem está presente em todas as pessoas do mundo, não importa o que façam culturalmente com ela. O esquema filogenético de orientação é o cenário abstrato sobre o qual todos brincamos quando começamos a ser humanos. É por isso que a construção do esquema de orientação, na criação do espaço relacional humano da consciência corporal, é básico para toda construção posterior de realidade em nossas vidas. Em consequência, toda construção teórica ocorre em nós na expansão da construção de nosso espaço de movimentos e interações, entrelaçado com nossa capacidade de criar o temporal pelos movimentos repetitivos entre pontos fixos.

No território básico de consciência corporal operacional que construímos em nossa infância – por meio de correlações sensório-motoras e que, quando crescemos na linguagem, chega a ser um espaço de imaginação na linguagem – podemos, como seres humanos, conectar de diferentes maneiras elementos de nossa experiência. Para um observador externo, eles não estão relacionados ou ligados no tangível. Criamos um mundo de relações de correlações sensório-motoras por meio de correlações sensório-motoras no fluxo de nossas interações. Ao fazer isso, usamos e expandimos a operacionalidade implicada pelo esquema de orientação espacial. Conectamos nossas experiências sob a forma de resolução de problemas, padrões de significados, contos de fada, fábulas e explicações científicas. O esquema de orientação espacial é uma abstração que não significa nada em si mesmo. Sua presença expressa a conquista de uma certa capacidade operacional no desenvolvimento da consciência corporal na criança, mas não representa essa capacidade.

No entanto, partimos da realização, em nossa dinâmica corporal, das correlações sensório-motoras que o esquema de orientação espacial conota. Enquanto cada um de nós constrói sua própria realidade como seu domínio de correlações sensório-motoras em suas interações com os outros, todos construímos, em conjunto, os padrões de significado que constituem os diversos mundos que vivemos. Quando a morte nos faz abandonar todos os significados, desaparecemos no vazio do nada, de onde surgimos no começo da vida. É simplesmente o estar no existir que nos faz e nos liga.

O começo (1972-1979)

O que virá a seguir é quase um relato autobiográfico. Mas apresento-o porque o considero necessário para que se possa compreender como comecei a observar nas crianças – em especial em Gabi – os fenômenos que conduziram ao entendimento e às reflexões de que trata este ensaio.

Durante meus estudos e prática como psicóloga do desenvolvimento, tive acesso a numerosas teorias psicológicas que buscavam explicar a transformação da criança num ser humano completo. Para minha surpresa, todas elas me pareceram inadequadas para lidar com o desenvolvimento das habilidades perceptivas e com o poder de compreensão que as crianças começavam a mostrar muito cedo em suas vidas.

A meu ver, essas diversas teorias descreviam de modo melhor ou pior a história do aparecimento dessas habilidades sem mostrar como elas surgiam do viver e no viver infantil. Essa é a razão pela qual logo comecei, em minha pesquisa, a praticar com as crianças formas artísticas de expressão corporal, procurando compreender a origem de suas habilidades por meio de observações em sua vida diária. Assim, entramos juntos na dança, na arte do movimento, no canto, na arte da música, e no mundo que liga ambos, vale dizer, na arte do ritmo. E isso agradou muito às crianças.

As crianças pequenas e suas mães fizeram, com entusiasmo, exercícios de jogos rítmicos, balanceios e danças elementares. Tive a impressão de que no ritmo, equilibrando-se, saltando, brincando, dançando e cantando, elas estavam em seu elemento. Diante dessa experiência, comecei e me perguntar: por que as crianças são capazes de desempenhar tão bem essas atividades artísticas, e melhor do que depois, na condição de adultos? De onde vem e como se constitui essa habilidade? O que nela é o básico? E comecei a formular o problema apresentando-o no contexto de desenvolvimento. O que significam o ritmo, a música e os movimentos para o desenvolvimento da consciência humana na primeira infância?

Em meus esforços para continuar esses estudos, fui acolhida no Centro Bávaro de Pesquisa Educacional, no Instituto

Estatal para a Educação na Primeira Infância. Como membro desse Centro, trabalhei com mães, crianças e professores de jardim de infância por toda a Baviera, de 1972 a 1975. O Ministério Bávaro da Cultura e o Ministério Federal de Educação e Ciência da República Federal Alemã apoiaram e promoveram juntos o meu trabalho. Nesse meio tempo, fundei um grupo de estudos com professores de arte (Verden-Zöller, 1972 e 1974).

A necessidade de entender o desenvolvimento estético das crianças por meio de suas próprias atividades, numa época em que seu meio de crescimento está em perigo, foi valorizada e apoiada por funcionários responsáveis do governo, que financiaram meu projeto de investigação do ritmo, música e movimento (Verden-Zöller, 1973). O propósito do dito projeto de pesquisa era explicar o desenvolvimento estético espontâneo da criança. No começo, todavia, as dificuldades pareceram insuperáveis. Eu sabia muito bem que não havia, até então, nenhuma teoria adequada no campo da psicologia preocupada com o desenvolvimento das atividades infantis espontâneas.

Também me parecia que o caminho que a psicologia tradicional havia tomado afastava o ser humano de si mesmo, por uma confusão do fenômeno psicológico com sua aparência. Isso gerara métodos e teorias que terminavam na manipulação da criança, em vez de compreender o seu desenvolvimento. O Instituto Estatal para a Educação na Primeira Infância, no Centro Bávaro para a Pesquisa Educacional, não podia evitar a aplicação desses métodos e teorias àqueles seres que são os mais sensíveis e necessitados de proteção em nossa sociedade: as crianças pequenas. Era necessária uma nova perspectiva e uma nova abordagem teórica.

Nessas circunstâncias, pensei que precisava de pessoas com ideias próximas às minhas para desenvolver meu trabalho. Após uma intensa busca, encontrei pessoas com quem pude compartilhar minhas ideias e observações sobre as atividades infantis espontâneas – gente disposta a refletir sobre elas. Encontrei essa gente não só no domínio da psicologia, mas também no campo da arte e das ciências naturais: Heinz von Foerster, da biocibernética e da teoria dos sistemas; Anton Hajos, interessado em problemas de percepção; Hans Peter Reinecke, pesquisador em acústica e música; e Dieter Ungerer, que esteve envolvido no estudo dos processos sensório-motores. Georg Verden, já falecido, foi o artista do nosso grupo de estudos. Minha tarefa era integrar a contribuição de todos os participantes, inclusive eu mesma, no objetivo de explicar o desenvolvimento da consciência humana na primeira infância.

Em março de 1975, o grupo se reuniu pela primeira vez em Munique, e decidiu-se um plano para estudar os processos envolvidos no desenvolvimento da consciência humana na criança, dentro do marco do projeto de investigação em estética já mencionado. Desde o início, supusemos que as experiências que envolviam a música e o movimento infantil desempenhavam um papel nisso. Essa abordagem, porém, não estava em acordo com o esperado pelo grupo representante do Instituto Estatal para a Educação na Primeira Infância, e por isso renunciei ao projeto em junho de 1975.

A sorte, o azar, a providência – ou como se queira chamar um evento inesperado que teve consequências fundamentais no curso da vida de alguém –, veio em meu auxílio. Isso aconteceu por meio de meu encontro com uma determinada menina, a Gabi. Ela, que era cega de nascença, fora operada no princípio de seu segundo ano de vida sem recuperar a visão. Mais tarde, apresentou incapacidade motora e epilepsia. Quando me encontrei com Gabi pela primeira vez, no começo de 1976, ela apresentava o desenvolvimento mental de uma menina de dois anos e meio, embora tivesse cerca de sete anos de idade.

Encontrei-a por casualidade. A menina se aproximou espontaneamente e não queria deixar que eu me fosse. Aceitei o fato e comecei a me preocupar com ela, mas não tinha ideia do que esperava de mim e do que eu poderia fazer. Quando encontrei a Gabi, ela sofria de tuberculose. Os médicos do sanatório infantil para onde ela fora encaminhada ficaram satisfeitos por saber que eu a tomaria sob meus cuidados. E assim nos deixaram à vontade, sem interferir, permitindo que eu utilizasse um aposento tranquilo, espaçoso e rodeado de altos abetos, no qual trabalharíamos.

Com Gabi, pratiquei exercícios de equilíbrio. Do que ela mais gostava era agarrar-se a mim enquanto ajustava seu balanceio às vibrações do meu corpo. Observei que ela transformava em ritmos tudo o que fazíamos e a apoiei nisso. Embora não pudesse ver, produzia de modo espontâneo e ocasional figuras elementares no papel: linhas paralelas, diagonais, cruzes, círculos, espirais e quadrados (Verden-Zöller, 1978). Junto com Gabi, copiei essas figuras no chão, usando uma fita adesiva suavemente rugosa, de modo que ela pudesse senti-las enquanto caminhava com os pés descalços.

Quando me encontrei pela primeira vez com Gabi, os movimentos que ela podia fazer sem irregularidades rítmicas eram andar e correr. Não conseguia realizar as combinações de movimentos diferenciados que as crianças de sua idade cronológica faziam sem dificuldade. Vi, por exemplo, seu esforço quando tentou, sem êxito, saltar com ambos os pés.

Ajudei-a, guiando cuidadosamente seu ritmo corporal no desenvolvimento de seus movimentos incipientes, até sua culminação na forma (Gestalt) completa do salto. De início, tampouco ela podia brincar, mas lentamente construímos juntas essa forma de movimentos em seus ritmos.

Desde logo, começou e me fascinar a transformação contínua e inesperada das habilidades mentais e corporais de Gabi por meio desse extenuante trabalho físico. Assim, fui testemunha de como em poucos meses ela mudou e, de maneira misteriosa, tornou-se mais lúcida, melhor coordenada em seus movimentos e mais segura de si. Logo começou a fazer perguntas que me surpreenderam e, sobretudo, principiou a estruturar um espaço que não podia ver (Verden-Zöller, 1978).

Ao lidar com essa menina, tive de abandonar todos os métodos psicológicos que estudara na universidade. Senti que me encontrava diante de algo completamente diferente de tudo o que estava implícito em qualquer das noções explicativas tradicionais, como estímulo-resposta, percepção gestáltica ou desenvolvimento por etapas. Parecia que um poder primitivo, que brotava de uma fonte distinta do usualmente imaginável, se abria de maneira incontrolável na vida dessa vigorosa criança. Foi algo a que eu tampouco podia resistir, e que só conseguia ajudar a tornar claro enquanto o auxiliasse a nascer, sem saber o que estava fazendo. Eu não compreendia o que estava ocorrendo nem que forma tomaria, e simplesmente me deixei usar de muito bom grado. Deixei-me usar, respondendo como a caixa de ressonância de um instrumento musical, enquanto anotava com cuidado o que acontecia, procurando fazer com que nenhuma parte do que a menina produzira ficasse de fora ou se perdesse.

Assim registrei tudo, meticulosa e rigorosamente. Pareceu-me que um dia teria de integrar minhas observações, as quais naquele momento surgiam como partes desconectadas de um mosaico. Durante o próprio processo, no entanto, eu não podia discernir a organização da totalidade que surgia diante de mim.

Quando Gabi teve alta da clínica, oito meses após o nosso primeiro encontro, estava tão completamente mudada que os médicos concordaram que sua condição havia se normalizado e que a medicação para a epilepsia já não era necessária. Além do mais, com um pouco de ajuda de minha parte, também conseguiu reconhecer e produzir letras, isto é, aprendeu a ler e escrever (Verden-Zöller, 1978). A mãe dela, uma mulher naturalmente cálida e afetiva, resumiu desse modo o seu assombro diante da rápida transformação de sua filha: "Não sei o que aconteceu, ela agora pode ler e escrever, não precisa mais de medicamentos e vai ao dentista sozinha, a poucas ruas daqui. Até pouco tempo, ainda era um bebê e não saía nunca do meu lado".

Depois que Gabi e eu havíamos, por assim dizer, saído por nós mesmas do atoleiro de seu retardo, começou o meu verdadeiro trabalho. Principiei a me preocupar com minhas notas e gravações, como faz uma arqueóloga com os fragmentos de cerâmica que escavou. Ao deixar o Instituto Estatal, eu estava livre para conduzir minha pesquisa segundo meu próprio entendimento. Mas já não tinha a ajuda técnica habitual à minha disposição, e precisava inventar algum procedimento simples para refletir sobre minhas observações sem ela. Assim, comecei a delinear, sob a forma de anotações e esquemas no papel, todos os fenômenos que emergiam em minhas brincadeiras com Gabi: ritmos, configurações de movimentos, padrões dinâmicos desenhados em papéis e no chão – a que dei o nome de signos ou estruturas espaciais elementares –, além das teorias de Gabi sobre ela própria, seu corpo, os outros seres humanos, a vida em geral e, finalmente, o mundo (Verden-Zöller, 1978).

Fiz isso durante todo o tempo em que trabalhei com Gabi, tanto no sanatório quanto depois que ela o deixou. Entretanto, foi somente depois de um ano e meio de estudo extenuante e contínuo de todos os fenômenos que pude observar, na proximidade íntima do jogo corporal que vivera com ela, que começaram a emergir em minha mente o que me pareceu ser um perfil dos continentes submersos das primeiras experiências que levam ao desenvolvimento da consciência humana. Pouco a pouco, comecei a perceber que vivia o processo elementar de auto-orientação que constitui a criança como indivíduo e ser humano social, no princípio de sua vida. Em outras palavras, com a ajuda dessa menina pude ver, como se fosse através da frincha de uma porta, aposentos que até então estiveram fechados para mim. Diante de meus olhos, revelaram-se os fundamentos da consciência humana, quando ela emergiu numa dinâmica espontânea de integração, com base nos distintos componentes que lhe deram origem na filogenia. O curso do desenvolvimento de Gabi – que descrevi no relato de meu trabalho com ela (Verden-Zöller, 1978) – é, tal como o vejo depois de muitos anos de atividades com crianças pequenas e suas mães, nada incomum.

Com efeito, esse desenvolvimento da consciência ocorre normalmente na primeira infância de cada ser humano de maneira similar, embora com temporalidades diferentes. Cada indivíduo humano percorre, em sua infância, o mesmo caminho que Gabi eventualmente percorreu apesar de suas múltiplas dificuldades. Ou seja, cada criança percorre em sua infância um caminho de transformação. Este começa com a orientação para a sua mãe, ritmicamente regulada desde a biologia própria da simbiose básica da relação materno-infantil, por meio da intimidade e total confiança do jogo corporal. A seguir, passa pela consciência corporal operacional, e pela construção do tempo e do espaço como um meio diferente da mãe. Depois vem a orientação para si mesma, na construção de um Eu. Esta acontece com a crescente e confiante independência da mãe, que surge com a construção do tempo e do espaço e chega até ao desenvolvimento da consciência social no respeito pelo outro.

O respeito ocorre com a aceitação dos outros, por meio da autoconfiança, que surge no lidar com o espaço e o tempo, numa relação de recíproco respeito e confiança com uma mãe independente. No entanto, não é o fato de que esse processo geral aconteça, como se revelou em meu trabalho por meio da observação dessa menina específica, o que nele considero fundamental, mas sim a percepção que tornou possível os processos elementares envolvidos no desenvolvimento da consciência do Eu e da consciência social da criança, revelando sua microtemporalidade como uma Gestalt relacional evolutiva que ela realiza espontaneamente.

Houve fenômenos temporais que foram decisivos para essa minha percepção. O primeiro foi a rápida transformação de Gabi, que conduziu ao fim do seu retardo. Transformação que – afirmo – estava ligada, separadamente de sua relação com a vitalidade de Gabi, às configurações sensório-motoras que por meio da empatia ajudei-a a selecionar e a repetir frequentemente e na ordem adequada. O segundo fenômeno foi o lento ritmo corporal com que Gabi produziu e realizou as configurações sensório-motoras que acabo de mencionar, permitindo que eu as visse.

Quando a encontrei, Gabi tinha de lidar com um sistema sensório-motor deficiente: as coordenações sensório-motoras que, com menos limitações de desenvolvimento, se completam num processo que passa despercebido, porque ocorre sem esforço, para ela eram um problema. Nessas circunstâncias, suas tentativas de encontrar meios de compensação dirigiram minha atenção para processos reguladores que, dada a sua delicadeza, são normalmente difíceis de observar. De fato, em seu intuito espontâneo para construir sua consciência corporal e auto-orientação, Gabi teve de superar tantas resistências que se viu forçada a repetir com frequência os movimentos e ritmos dos processos reguladores. Sobretudo, ela o fez tão lentamente que suas inter-relações – que em geral nos são invisíveis – tornaram-se perceptíveis, tanto para a menina quanto para mim. Além do mais, quando por fim percebi esses processos fundamentais, compreendi sua significação na construção do conhecimento do corpo feita por Gabi. Pude também – depois de muitas etapas de reflexão – diferenciá-los e vê-los numa ordem relevante (Verden-Zöller, 1979).

Ao mesmo tempo, a notável rapidez com a qual essa criança tão multiplamente limitada saiu de seu retardo, mostrou – como num filme acelerado – uma sucessão de processos retardados de desenvolvimento que rapidamente substituíam uns aos outros, num lapso de tempo mais curto do que o necessário sob as circunstâncias normais de crescimento. Foi como se fragmentos de consciência velozmente despertados se organizassem e se reorganizassem de modo espontâneo, ordenando-se eles próprios na configuração de consciência corporal que conduz à imaginação criativa na construção do tempo e do espaço, por meio da precisão de uma coreografia de movimentos exatos (Verden-Zöller, 1978). Em outras palavras, foi pela rápida transformação de Gabi que me tornei a observadora de um processo de integração pessoal que normalmente se estende por toda a primeira infância – e que, portanto, não pode ser captado como uma totalidade (como uma Gestalt) e transformado num objeto de reflexão.

Como eu estivera ocupada, durante muitos anos, com a indagação sobre a relevância do ritmo, da música e dos movimentos na construção da consciência humana na primeira infância, impressionou-me o fato de que Gabi houvesse mostrado uma verdadeira mania pelo ritmo, subdividindo os movimentos em partes exatas com absoluta segurança e precisão. Ela ritmizava todas as suas experiências táteis e movimentos, e ao fazer isso tranquilamente construía rituais. Mais ainda, à medida que progredia e crescia no âmbito de experiências mais complexas, continuou voltando às suas medições rítmicas, com o fim de verificar e alinhar ritmicamente as sequências de movimentos com as quais estava menos familiarizada.

Com minha ajuda, Gabi acabou percebendo o seu próprio fazer por meio da construção de signos elementares. Esse dar-se conta, essa tomada de consciência corporal, teve um efeito estruturante em seus movimentos, bem como no uso deles e de sua corporeidade no processo da criação de seu ambiente imediato. Gabi se ocupou, persistentemente, com o espaço quadrado marcado no chão com fita adesiva e caminhava sobre ele, medindo-o com períodos musicais e usando cânticos simples. Assim, pela aplicação do método de marcar os signos elementares no solo com fita adesiva rugosa, foi possível apoiá-la em sua tendência à ritualização, e ajudá-la em sua criação das dimensões de tempo e espaço (Verden-Zöller, 1978).

E mais: essa atividade com o ritmo e com os movimentos permitiu que ela construísse, em termos de orientação e mobilidade, a visão interna de um espaço que ultrapassava as ações e orientações que construíam o seu ambiente imediato. Dessa maneira, ela principiou a se ocupar com o conceito de espaço em sua imaginação e a desenhar coreografias elementares. Ao mesmo tempo, começou a pensar em seu futuro. O que mais se poderia desejar para um início?

O desenvolvimento (1979-1986)

As brincadeiras espontâneas das crianças e a filogenia

Muitas das diferentes dinâmicas corporais que emergiram na história evolutiva que nos deu origem reaparecem na ontogenia do desenvolvimento físico e mental da criança. Ao surgir sem a influência dos adultos, o livre brincar infantil se organiza de modo espontâneo, com base nas formas imediatas de ações, movimentos e percepções que provêm da história evolutiva da espécie humana. Ou seja, as brincadeiras espontâneas de nossas crianças não são arbitrárias: são dinâmicas corporais ligadas a territórios ancestrais de comportamento. São expressões das conexões entre o ser vivo e seu meio, cujas formas atuais são apenas transformações de formas arcaicas.

As crianças do mundo inteiro vivem como jogos rituais as mesmas configurações de movimentos que, na origem da humanidade, foram o fundamento operacional do desenvolvimento da autoconsciência, da consciência social e da consciência do mundo. Mas essas configurações de movimentos não são herdadas, ainda que o seja a corporeidade que as torna possíveis. Elas devem surgir de novo em cada criança, associadas ao seu viver, como condições operacionais que possibilitam a sua realização como um ser humano em total consciência individual e social. Tudo isso se torna evidente quando refletimos sobre a história evolutiva humana, em conexão com o que revelam os estudos com Gabi e outras crianças.

Cinco formas de dinâmica corporal

Com base no que observei no demorado desenvolvimento que descrevi em detalhe no meu estudo sobre Gabi (Verden-Zöller, 1978-1979), distingo vários processos e estruturas fundamentais na dinâmica corporal:

Ritmo:	Dinâmica de coordenações sensório-motoras, sob a forma de configurações recorrentes de movimentos.
Equilíbrio:	Balanceio ao redor de um ponto central, construção de uma dinâmica simétrica, busca de um ponto médio entre dois extremos.
Movimentos corporais:	Diferenciação e diversificação crescente dos movimentos, desde o engatinhamento até a posição ereta e, nesta, a busca e a mudança do centro de gravidade do corpo.

**Construção dos
signos elementares:**   Dança do conhecimento corporal com pés e mãos nas principais direções de movimento.

**Construção do
espaço e tempo:**   Especificação e quantificação de um domínio de ações e relações de ações, mediante a repetição de movimentos rítmicos, cantando e contando a constituição do espaço e do tempo. E também a constituição do espaço e tempo como distintas redes abstratas de diferentes configurações de correlações sensório-motoras.

O sistema mais simples parece ser o do ritmo e o da recorrência de tipos de movimento. Numa complexidade crescente, seguem-se a construção de simetrias, o balanceio em torno de um ponto mediano e a diferenciação de distintas configurações de movimento corporal. A construção de signos elementares mostra a integração total da diferenciação motora na Gestalt (configuração) do esquema corporal humano. A construção do esquema corporal permite a ritualização dos movimentos e a constituição do espaço operacional humano. Finalmente, a criação do espaço-tempo, por uma criança em crescimento, é a conquista espiritual mais básica da infância e o fundamento efetivo do pensamento operacional e abstrato.

Semanas de jogos para mães, crianças e professores de educação infantil

Ao chegar a essa compreensão, orientei-me para transmitir às mães e professoras de jardim de infância interessadas o que havia observado em Gabi. Preparei um livro sobre ela para as mães. Queria perguntar-lhes, por meio desse livro, se elas tinham notado, no desenvolvimento de seus filhos, um processo semelhante ao que eu vira nessa criança. Enquanto preparava o relato do desenvolvimento de Gabi, reconheci que não era suficiente uma abordagem puramente descritiva, e que para mim era necessário apresentar minhas perguntas às crianças e às suas mães. Depois de refletir sobre minhas experiências com Gabi, organizei oficinas semanais de jogos para as mães e seus filhos junto aos professores de jardim de infância em sete cidades bávaras. Assim, viajei de cidade em cidade, brincando com as crianças e suas mães em salas amplas e vazias. Nossas brincadeiras se baseavam em regras desenvolvidas por meio do meu trabalho com Gabi, fundamentadas no corpo humano e na compreensão do desenvolvimento da consciência. Sob essas condições, permitiu-se que as brincadeiras espontâneas seguissem o seu curso. Embora os jogos fossem basicamente os mesmos, suas variações pareciam infinitas.

As oficinas semanais de jogos foram um prazer para todos os participantes. Podendo fazer o que queriam – e fazendo-o com suas mães –, as crianças eram tomadas por uma profunda satisfação. As atividades físicas das brincadeiras com seus filhos despertaram nas mães recordações agradáveis, que lembraram suas próprias infâncias e as fizeram reviver momentos significativos. Os professores de jardim de infância que participaram fizeram os exercícios elementares com entusiasmo e paciência, reconhecendo de maneira unânime que fazê-los os ajudava a entender melhor tanto a experiência corporal quanto as necessidades sensório-motoras das crianças de quem cuidavam.

Pesquisa de campo

Depois de praticar algum tempo nas oficinas semanais de jogos, tive ocasião de falar com um funcionário dotado de sensibilidade e visão que ocupava uma posição de destaque no Ministério Bávaro de Assuntos Laborativos e Sociais. Durante a nossa conversa, falamos de minhas oficinas de jogos materno-infantis e sobre o interesse que os professores de jardim de infância manifestaram ao participar delas. Ele ficou encantado ao ouvir sobre "o começo bem sucedido dessa pesquisa básica", e me assegurou que faria tudo o que pudesse para tornar isso um exemplo, e que apoiaria meu trabalho em seu propósito de proteger e conservar cuidadosamente aquilo que é tão básico para a constituição de nossa existência social.

E assim, no início de 1978, com a ajuda do Ministério de Assuntos Laborativos e Sociais, e da Igreja Católica, pude intensificar meus encontros materno-infantis. Pude então construir campos de pesquisa em cinco comunidades da zona do bosque bávaro, próximo à fronteira checa, uma área ainda relativamente não perturbada pelo desenvolvimento comercial. Foi lá que comecei a pôr à prova minha compreensão da organização espontânea da consciência corporal, da autoconsciência, da consciência social e da consciência do mundo, que surgem da intimidade das brincadeiras espontâneas entre mãe e criança na primeira infância.

Num esforço sistemático, estimulei as mães e seus filhos em suas brincadeiras espontâneas. Junto comigo, elas descobriram as habilidades sensório-motoras de seus filhos. De minha parte, descobri que era especialmente instrutivo observar as crianças em seu ambiente doméstico. Concentrei minha atenção na descrição e classificação das atividades sensório-motoras das crianças nos cinco modos que já mencionei: ritmo, equilíbrio, mobilidade, consciência do próprio corpo e do corpo dos outros e a construção de signos elementares, com a invenção do tempo e do espaço na geração de teorias sobre o mundo e o viver (Verden-Zöller, 1982).

Nossos esforços conjuntos significaram para as mães uma ampliação da consciência do caráter biológico da relação materno-infantil. Por meio desse processo de ampliação da consciência das mulheres, a relação fundamental, ordenadora e estabilizadora do viver das crianças com sua primeira companheira – a mãe –, intensificou-se. E assim as mães aprenderam a aceitar, com liberdade, prazer e sem queixas, a sua função transitória no processo de crescimento dos seus filhos como seres humanos. Aprenderam também a desfrutar seu próprio crescimento na realização da relação maternal. Reconheceram que seu papel primário é apoiar os impulsos de seus filhos na direção da auto-orientação, no respeito por si próprios e pelos outros com base em sua própria autonomia.

Além do mais, tendo as mães reconhecido a importância das brincadeiras espontâneas no contexto familiar para o surgimento da consciência individual e social de seus filhos, elas os estimulam a desenvolver suas habilidades básicas. E assim, de uma forma amorosa, podem capacitá-los a sair da simbiose materno-infantil, conservando a confiança e o respeito mútuo ao aceder à liberdade da auto-orientação, da autonomia, da independência e da crescente responsabilidade pessoal e social como algo legítimo e natural.

A meta do nosso trabalho com as crianças pode ser vista como a expansão de suas habilidades sensório-motoras por meio do livre brincar, tanto em casa como fora dela e na natureza. Brincar e compreender as mães ajuda as crianças a realizar plenamente os fundamentos de sua consciência, na ampliação de sua experiência e consciência corporal. Em nosso trabalho, a atenção estava especialmente dirigida para a percepção das necessidades sensório-motoras transitórias das crianças. Dessa maneira, tornou-se claro que nosso propósito era alcançado, tanto pela observação participativa nas brincadeiras das mães com seus filhos, quanto por meio da reflexão conjunta sobre as regularidades e condições dos jogos mediante os quais a criança cresce como um ser humano. A experiência mostrou que a maneira de brincar adquirida em nossos grupos se manteve nos lares, estendendo-se tanto aos pais quanto aos irmãos maiores.

Por meio de meu trabalho e pesquisas de campo na Bavária, percebi que nossa relação com a natureza – considerando que a constituíamos pela experiência da paisagem e das áreas ao ar livre nas quais acontecem os jogos – é quase tão importante para o crescimento da consciência do corpo humano, da autoconsciência, das consciências social e do mundo na primeira infância, quanto a relação materno-infantil. Segundo minhas experiências, a contribuição das mães para uma pesquisa básica dos fundamentos de nosso ser social ocorre na alegria do brincar e no reconhecimento mútuo, num processo de ampliação crescente da consciência das mães envolvidas. Ao perceber sua própria participação nos processos ligados ao desenvolvimento da consciência humana, as mães reconheciam o quão perigoso poderia ser, para seus filhos – e para elas mesmas –, uma visão mal compreendida da emancipação feminina. Reconheceram ainda o quanto é necessário dar liberdade de movimentos aos filhos, para que eles se tornem independentes e autônomos no seio da confiança e da proteção familiar. Nas palavras de Wolfgang Metzger (1975), elas compreenderam o quão perigoso poderia ser, para as crianças, o fato de serem confiadas muito cedo na vida às mãos de um especialista.

Fundação do Instituto de Pesquisa da Ecopsicologia da Primeira Infância

A compreensão do progresso do desenvolvimento da consciência individual e social da criança me levou à criação do conceito de ecopsicologia na primeira infância. Assim, em fins de 1978, Georg Verden e eu decidimos elaborar em forma de compêndio o entendimento conseguido ao longo de meus estudos. Para esse fim, concordamos numa estratégia de pesquisa no campo da ecopsicologia da primeira infância e criamos um pequeno Instituto de Pesquisas em Munique. Os membros do grupo de estudos – aos quais havíamos comunicado previamente os resultados de meu trabalho com Gabi – foram agora informados sobre o desenvolvimento de minhas observações na área das relações de brincadeiras mãe-filho. Após a morte de Georg Verden, em fevereiro de 1979, e com a ajuda do Ministério Bávaro para Assuntos Laborativos e Sociais, nosso Instituto de Pesquisas da Ecopsicologia da Primeira Infância foi transferido para Passau, cidade da Bavária onde ocorrera minha investigação.

As crianças das grandes áreas metropolitanas

Levado por sua crença de ser capaz de controlar as forças da natureza, o ser humano moderno criou um mundo no qual distorce progressivamente e de maneira extrema as condições normais para o desenvolvimento da consciência humana na criança. O espaço da vida humana está desfigurado pela civilização moderna, que se tornou demasiadamente rápida, ruidosa e desvitalizada. Assim, o mundo em que agora vivemos tornou-se destrutivo para nós, pois já não dá à criança o espaço de liberdade e paz que ela precisa para se desenvolver de maneira salutar. A capacidade humana de tomar consciência hoje se vê invadida pela distorção estética e emocional com a qual a civilização moderna nos rodeia. É também assolada por uma sobrecarga de informações que já não podemos assimilar como parte legítima de um viver em autorrespeito e respeito pelo outro.

Nessas circunstâncias, o que se distorce com mais facilidade é o desenvolvimento da consciência humana, a consciência da criança pequena, que pode facilmente ser perturbada pela agitação, ruído e monotonia da civilização moderna, que negam ou distorcem a intimidade da relação materno-infantil. Pela intervenção exagerada e humanamente incongruente em seu próprio espaço vital e formas sociais, e por meio da configuração de valores que negam o humano, o homem moderno mudou radicalmente o seu mundo, distanciando-o dos aspectos básicos de sua biologia. Num mundo tão fundamentalmente transformado, as crianças não podem mais encontrar as condições necessárias para desenvolver adequadamente suas possibilidades inatas de consciência. Perderam-se as características que satisfazem às necessidades infantis – ou seja, as brincadeiras espontâneas materno-infantis no encontro corporal de confiança e aceitação mútuas e totais. Num mundo assim, sem uma relação básica com a natureza, sem liberdade de movimentos e de escolha de companheiros para brincar, não é possível desenvolver adequadamente uma consciência corporal, uma autoconsciência, uma consciência social e uma consciência do mundo.

Num mundo que não corresponde às suas expectativas inatas, as crianças vivem no emocionar da separação e da falta de proteção e desamparo. Num mundo estranho, elas vivem alienadas de si mesmas e crescem como seres manipuláveis e socialmente alienados. Assim, desprotegidas, num ambiente que não lhes proporciona confiança nem aceitação, elas jamais alcançam um desenvolvimento total de suas possibilidades humanas naturais de auto-orientação, autorrespeito, responsabilidade pessoal e social, liberdade e amor.

As formas de vida que, em sua origem, criaram o ser humano, são também as estruturas básicas das experiências primárias requeridas por uma criança. As atividades sensório-motoras infantis são formas arcaicas de consciência corporal operacional. Ao surgir desse modo, é como se elas abrissem o seu caminho por meio das brincadeiras espontâneas.

No mundo de hoje não se cumprem – nem podem cumprir-se – as dinâmicas sensório-motoras que conduzem ao desenvolvimento adequado da consciência humana infantil, porque não é animicamente possível a intimidade corporal da relação entre a mãe e a criança. E assim é porque não se permite o espaço livre em que esta possa ocorrer. Faltam então essas dinâmicas corporais e, portanto, não surge na criança uma consciência corporal adequada nem uma consciência apropriada do mundo humano. Mas não é só a criança que é afetada por esse distanciamento da biologia humana fundamental. O adulto também o é, como fica evidente pela expansão de compreensão e consciência que as mães conquistam quando recuperam, com seus filhos, o espaço das brincadeiras.

Fui testemunha da transformação de Gabi, de como nela se constituiu, de modo natural, o fundamento da consciência humana nas brincadeiras espontâneas. Essa observação foi confirmada pelos meus muitos anos de ligação ininterrupta com crianças pequenas e suas mães, em minha investigação ecopsicológica com grupos de jogos materno-infantis. Hoje em dia, devemos considerar seriamente a tarefa de compensar a perda das experiências corporais sofridas por crianças que crescem em cidades.

Com o objetivo de chegar a uma percepção clara desse problema – ainda sem solução –, é necessário seguir as consequências desta pesquisa. Com a ajuda das mães que vivem junto com seus filhos num ambiente ainda não muito distorcido, pude estudar o que é essencial para o crescimento da consciência humana na primeira infância. Parece-me então que podemos explorar formas sensatas de expandir e restabelecer o ambiente lúdico das crianças que vivem em áreas perigosamente estreitas e monótonas, para o seu desenvolvimento como seres humanos socialmente integrados. Em geral a criança desenvolve espontaneamente, no amparo e proteção da família, as bases de sua consciência na intimidade das relações lúdicas com sua mãe.

No entanto, a família se tornou um centro de manipulação política e ideológica, e pode ser que em breve essa última área protegida, em que é possível a relação do jogo materno-infantil, seja distorcida e destruída sem piedade. Hoje, a primeira infância deve ser protegida não pela intromissão de especialistas em aparências e manipulações, mas pela criação prudente das condições que tornam possível o desenvolvimento salutar da consciência humana no âmbito das brincadeiras materno-infantis, por meio de experiências semelhantes às reveladas neste estudo. O processo natural do jogo mãe-filho não tem substitutos. O que foi conseguido pelas mães que permanecem com seus filhos – em aceitação e confiança mútuas, na intimidade corporal do brincar na primeira infância – em relação ao desenvolvimento da consciência social destes é um tesouro que deve ser preservado.

As consequências do dar-se conta

A criança não é concebida em sua completude. Torna-se humana quando constrói o domínio espaçotemporal de existência humana como uma maneira fácil e confortável de viver, enquanto desenvolve sua consciência corporal ao crescer em total e mútua confiança e na total e recíproca aceitação corporal envolvida nas relações de brincadeiras espontâneas com seus pais. Em outras palavras, ela em geral chega a essa condição num processo naturalmente fácil e confortável. Tal processo não requer esforço, desenhos ou cuidados especiais. Ocorre mediante o viver em coexistência humana da criança com seus pais, em total e mútua aceitação corporal. Quando esse desenvolvimento acontece de modo adequado, tornar-se um ser humano socialmente bem integrado é um processo natural.

Mas nós, seres humanos adultos, frequentemente perdemos o bem-estar de viver e criamos dificuldades para nós mesmos. Também criamos tais dificuldades para o crescimento de nossas crianças como seres sociais normais quando perdemos a capacidade de brincar. Fazemos isso quando mergulhamos em preocupações com o futuro e o passado, e assim nos desencontramos dos outros – em especial de nossos filhos –, por não vê-los precisamente porque nossa atenção está em outra parte. É nesse último contexto que meu trabalho surge como um chamado à reflexão e um convite à ação.

Agora o leitor pode ler outra vez a "Introdução" e a seção "O que fazer?" como se elas fossem as conclusões. E, depois de refletir sobre o que foi dito em "O começo" e "O desenvolvimento", passar a ler as seguintes conclusões, que são um resumo de meu pensamento:

◆ Qualquer interferência no desenvolvimento da consciência corporal da criança em crescimento por meio de brincadeiras espontâneas, numa relação materno-infantil de total e mútua confiança e aceitação corporal, restringe, altera ou interfere tanto no desenvolvimento das habilidades infantis para viver em autorrespeito e autoaceitação, quanto em sua habilidade para respeitar e aceitar os outros numa dinâmica social.

◆ Na vida moderna, tal interferência acontece pela contínua exigência cultural de instrumentalizar todas as relações interpessoais. Essa exigência distancia as crianças da atenção dos pais de tal maneira que elas na verdade não são vistas, tocadas ou ouvidas, embora pareçam sê-lo. Como resultado, crescem em maior ou menor grau como seres sem corpo, que não podem se desenvolver apropriadamente, nem em consciência social nem em autoconsciência.

◆ Nós, adultos, não percebemos com facilidade essa interferência no desenvolvimento da consciência corporal da criança em crescimento. Não o fazemos porque vivemos sem questionar. Consideramos a contínua instrumentalização de nós mesmos e dos demais, em todas as nossas relações e interações, um aspecto legítimo da forma natural de viver. Além disso, por não percebermos essa instrumentalização de nossas relações e interações como algo indesejável, não entendemos o que acontece quando notamos dificuldades ou falhas no desenvolvimento da consciência corporal, do autorrespeito ou da autoaceitação de nossas crianças. Por essas mesmas razões, tampouco entendemos quando percebemos, em nossas crianças, dificuldades ou falhas no desenvolvimento de suas capacidades de aceitar e respeitar os outros numa dinâmica social. Como não compreendemos esses fenômenos, não sabemos o que fazer. E então recorremos à repressão com a intenção de controlar o comportamento infantil. Por fim, tampouco percebemos com facilidade que essas dificuldades revelam alterações no desenvolvimento fisiológico e anatômico da criança. Estas surgem em decorrência da limitação relacional em que seus pais se movem a seu respeito. E assim não vemos, em absoluto, que essas dificuldades só podem ser corrigidas pela reconstituição – neles e com eles – da biologia do amor.

◆ Para entender o que fazemos, devemos distinguir duas dificuldades que podem surgir no domínio da autoconsciência e da consciência social da criança em crescimento e no adulto:

a) uma dificuldade no desenvolvimento da consciência de si e da consciência social da criança em crescimento, em decorrência de uma relação inadequada de total confiança e aceitação corporal recíproca entre ela e os seus pais;

b) uma dificuldade de relacionamento do adulto sadio, que começa a viver em contínua autonegação. Esta surge da constante autoinstrumentalização e da persistente instrumentalização dos outros que nossa cultura ocidental moderna valoriza, num processo que destrói o autorrespeito e o respeito pelo outro.
Essas duas dificuldades têm soluções correlatas mas diferentes.

◆ A solução para a primeira delas requer que os pais entendam o que acontece no desenvolvimento de uma criança sadia, para que possam contribuir para ele. É necessário que eles vivam de fato a rede de experiências reveladas em meus estudos do desenvolvimento da consciência corporal, autoconsciência e consciência social das crianças, que é o tema deste ensaio. Ao recriar algumas das circunstâncias do desenvolvimento de sua própria consciência corporal durante a infância, tais experiências ajudam os pais a perceber o que ocorre com seus filhos, e também os capacitam a notar essas circunstâncias e, assim, facilitar seu aparecimento no crescimento. À medida que os pais reaprendem a operacionalidade da mútua confiança e aceitação – por meio dos encontros corporais nas brincadeiras que implicam esses exercícios –, eles aprendem a permitir e facilitar o desenvolvimento da consciência corporal de seus filhos, encontrando-se com eles no brincar.

◆ A solução para a segunda dificuldade requer que nós, adultos, recuperemos nosso autorrespeito e o respeito pelos outros, desfazendo-nos do hábito de instrumentalizar todas as nossas relações e reaprendendo a brincar (ver a seção seguinte).

◆ Para o êxito desse empenho, devemos nos tornar conscientes de nossa constituição biológica e aceitar que ela é, necessariamente, nosso fundamento operacional como seres humanos. Além disso, devemos também viver nossa relação biológica sem tentar controlá-la pela instrumentalização de nossas ações e relações. Viver desse modo é viver no brincar, é viver sem confundir o fazer com intenções que levem a atenção para além da ação. Em nosso operar, nós, sistemas vivos, não somos finalistas ou orientados para resultados.

◆ Os propósitos pertencem propriamente ao domínio do viver humano, que é o domínio das conversações (Maturana, 1989). Consistem nas apreciações que um observador faz acerca das consequências de um processo conhecido, no qual ele apresenta os resultados do dito processo como um argumento para justificar o seu começo. Mas os propósitos em si não participam do operar do ser vivo. Como apreciação do observador, entretanto, a afirmação de um propósito ou meta – ou a adoção de uma intenção como atitude interna – dirige a atenção da pessoa para o propósito. E assim especifica as circunstâncias sob as quais ela vive suas ações no domínio relacional humano.

◆ Uma ação com um objetivo, vivida como brincadeira – ou seja, com a atenção do ator na ação e não no possível resultado –, de uma maneira que lhe permita ver os outros, ocorre na biologia do brincar. Mas uma ação propositiva, vivida com a atenção posta nos resultados, acontece na biologia da instrumentalização das ações que não percebem o viver no presente. Portanto, não percebe a negação do outro que isso implica.

◆ Se atuamos de uma forma ou de outra é uma questão de desejo. É uma questão de desejo se fazemos ou não algo no domínio do desenvolvimento da criança, de modo que nossos filhos possam se tornar adultos socialmente bem integrados, ao crescer no brincar da mútua aceitação na relação materno-infantil. O conhecimento fundamental necessário para o desenvolvimento de uma medicina social preventiva, que proteja o desenvolvimento da autoconsciência e da consciência social das crianças, está aqui, neste trabalho. Se o usarmos, nossos filhos poderão crescer como seres sociais bem integrados, capazes de ser felizes. Contudo, se o usaremos ou não depende do nosso desejo e não do nosso conhecimento a respeito.

Referências bibliográficas

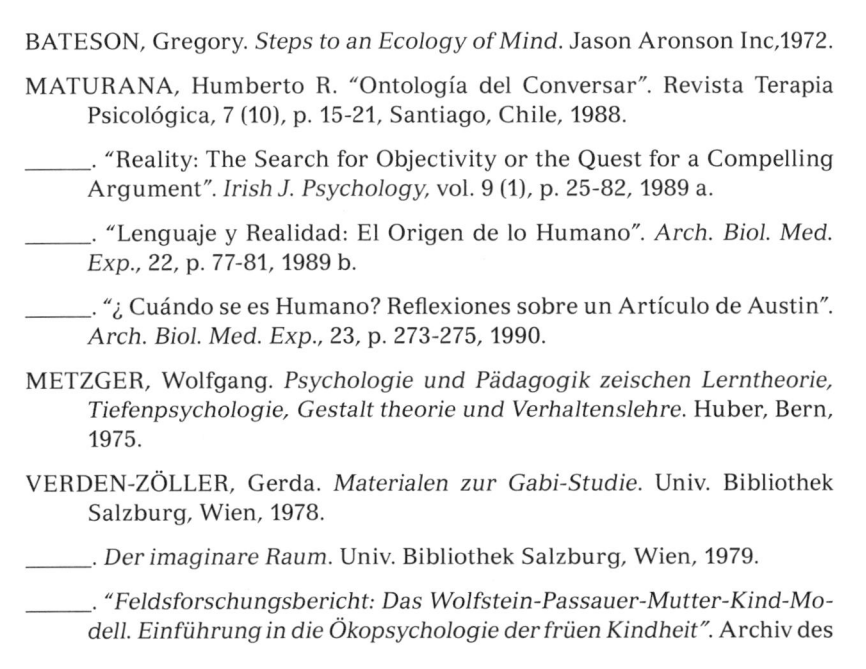

BATESON, Gregory. *Steps to an Ecology of Mind*. Jason Aronson Inc,1972.

MATURANA, Humberto R. "Ontología del Conversar". Revista Terapia Psicológica, 7 (10), p. 15-21, Santiago, Chile, 1988.

_____. "Reality: The Search for Objectivity or the Quest for a Compelling Argument". *Irish J. Psychology*, vol. 9 (1), p. 25-82, 1989 a.

_____. "Lenguaje y Realidad: El Origen de lo Humano". *Arch. Biol. Med. Exp.*, 22, p. 77-81, 1989 b.

_____. "¿Cuándo se es Humano? Reflexiones sobre un Artículo de Austin". *Arch. Biol. Med. Exp.*, 23, p. 273-275, 1990.

METZGER, Wolfgang. *Psychologie und Pädagogik zeischen Lerntheorie, Tiefenpsychologie, Gestalt theorie und Verhaltenslehre*. Huber, Bern, 1975.

VERDEN-ZÖLLER, Gerda. *Materialen zur Gabi-Studie*. Univ. Bibliothek Salzburg, Wien, 1978.

_____. *Der imaginare Raum*. Univ. Bibliothek Salzburg, Wien, 1979.

_____. "Feldsforschungsbericht: Das Wolfstein-Passauer-Mutter-Kind-Modell. Einführung in die Ökopsychologie der früen Kindheit". Archiv des

Bayerischen Staatsministeriums Für Arbeit und Sozialordnung, München, 1982.

VERDEN-ZÖLLER, Gerda, MATURANA, Humberto R. "Play: The Neglected Path". *Delfin*. N 12, Spring, 1989.

VERDEN-ZÖLLER, Gerda. *Musik und Bewegund im Elementar bereich – ein Beitag zur Kommunikations und Kreativitätserziehung*. Auer, Donauwürth, 1972.

_____. *Rhytmus, Musik und Bewegung im Elementarbereich – Förderungsvorhaben* A 5386 der Bund-Lander-Kommision für Bildungsplanung, 1973.

_____. *Musik und Bewegung im Elementarbereich*. Kösel, München, 1974.

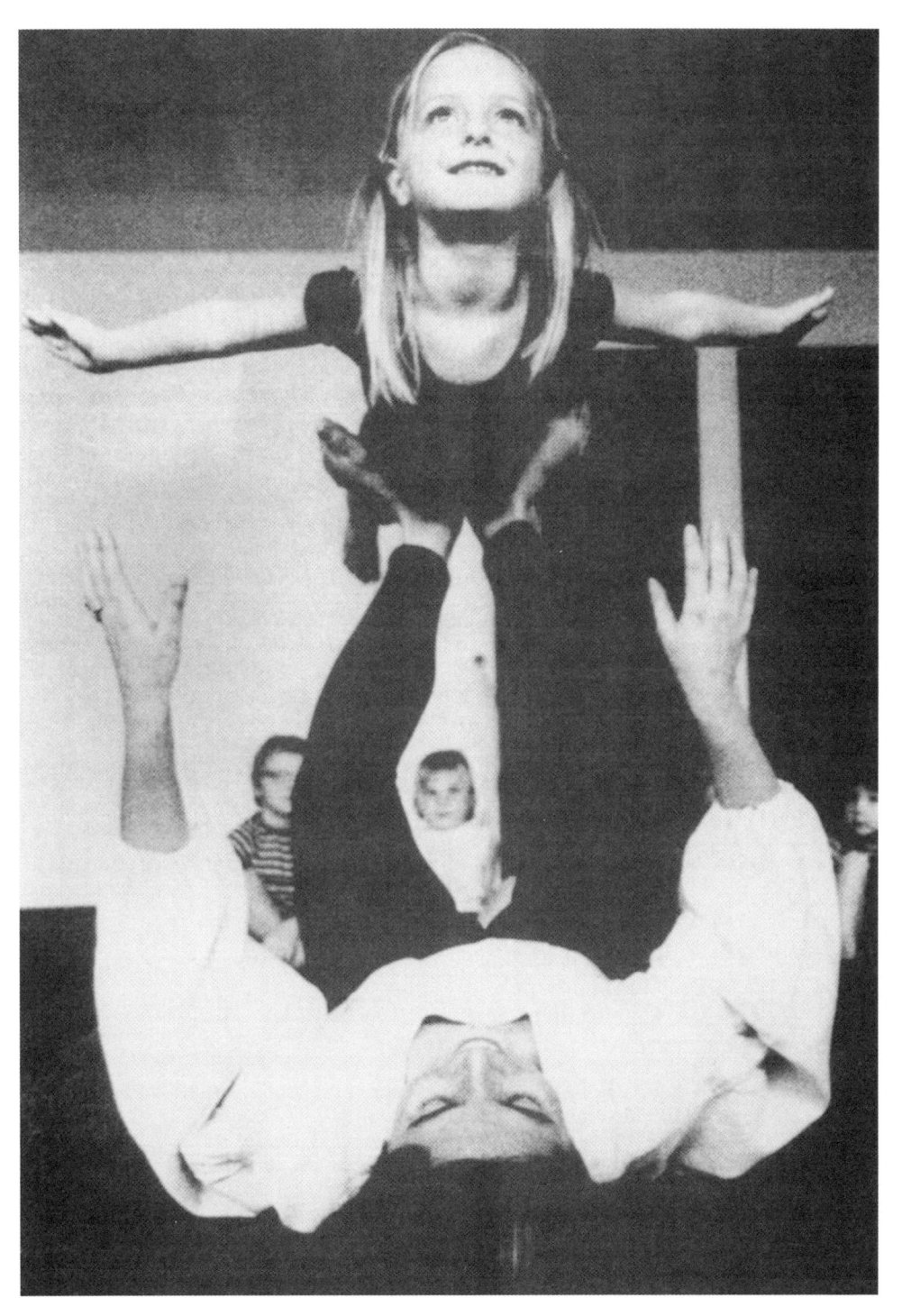

Figura 1. "Participamos de muitos jogos, nos quais as crianças têm de regular seu equilíbrio sobre o corpo de ...".

Figura 2. "Mamãe, fiz um desenho, um lindo desenho".

Figura 3

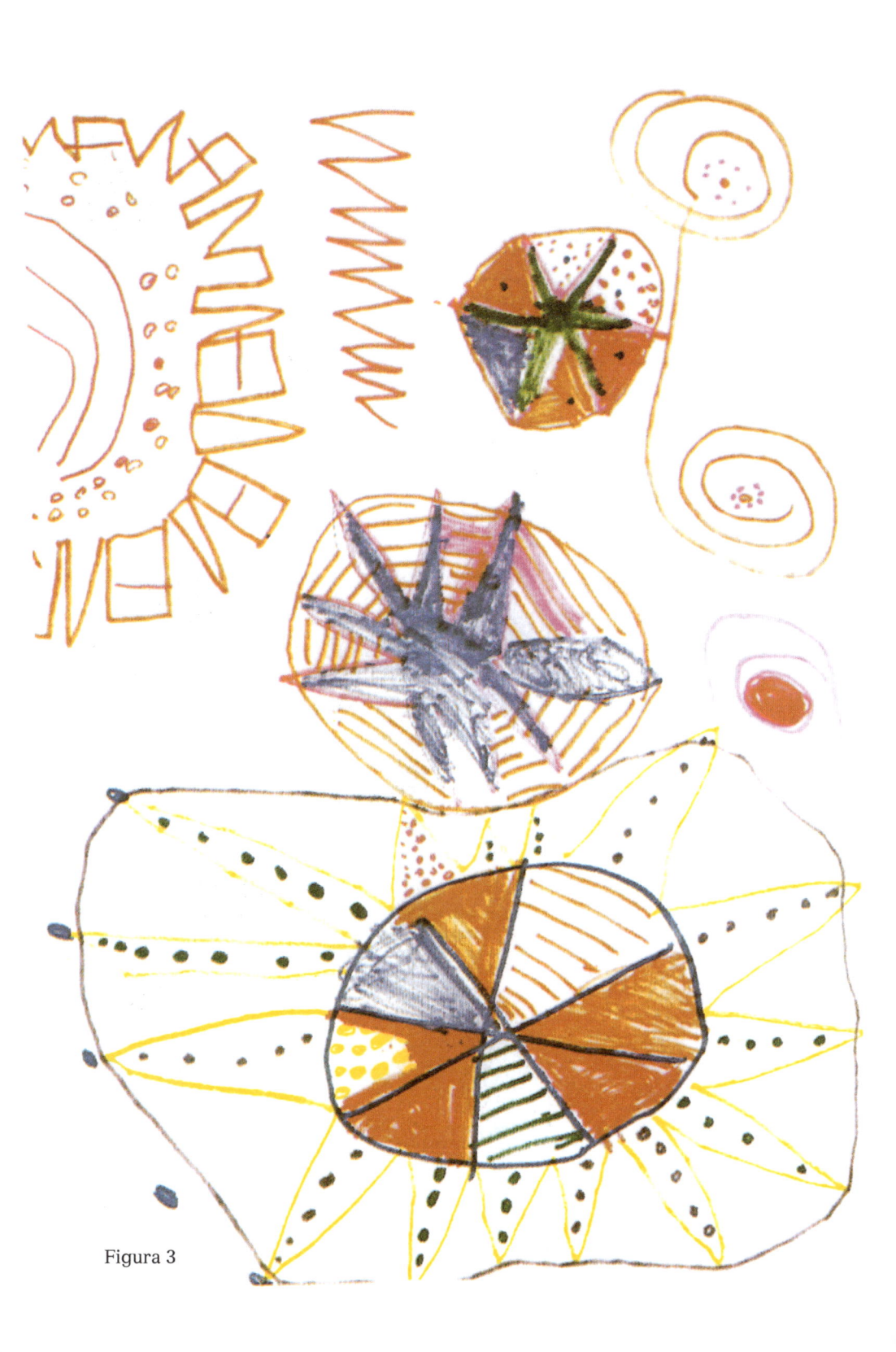

Figura 4

Figura 5

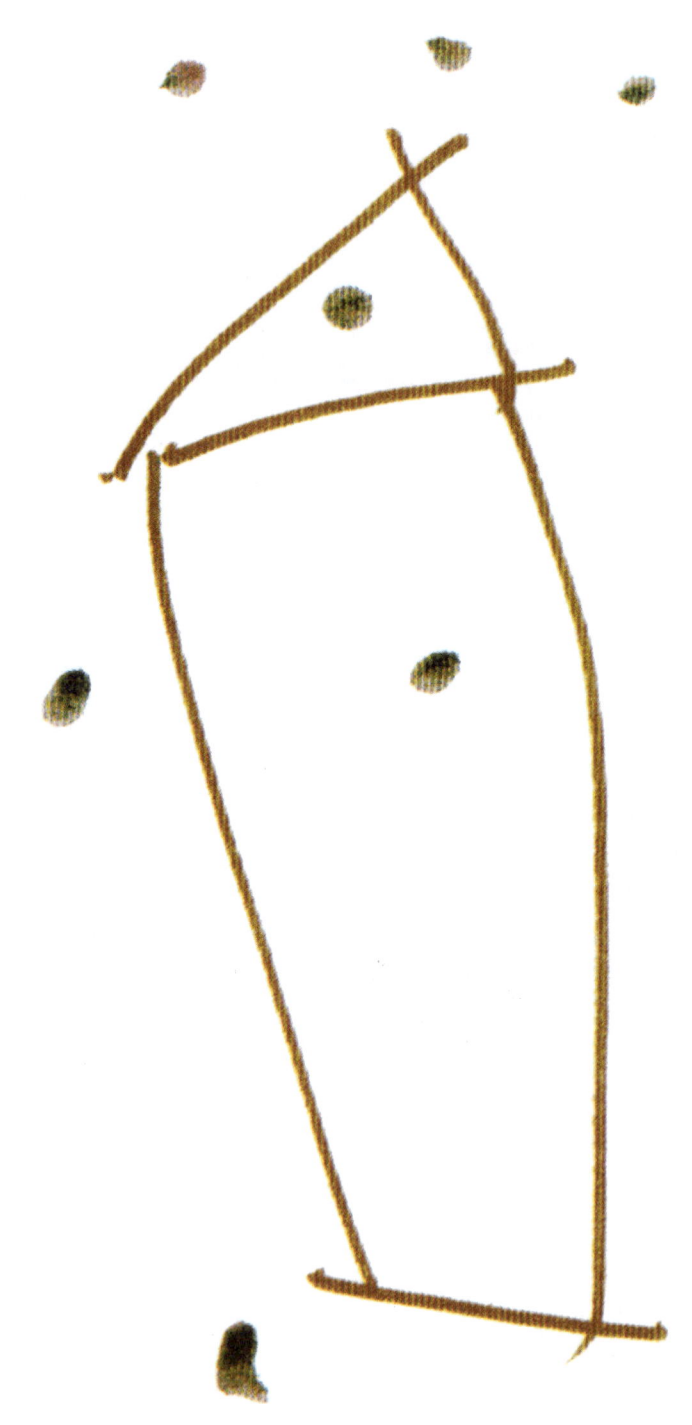

Figura 6. "Toda mamãe pode reconhecer a 'casa' de seu filho".

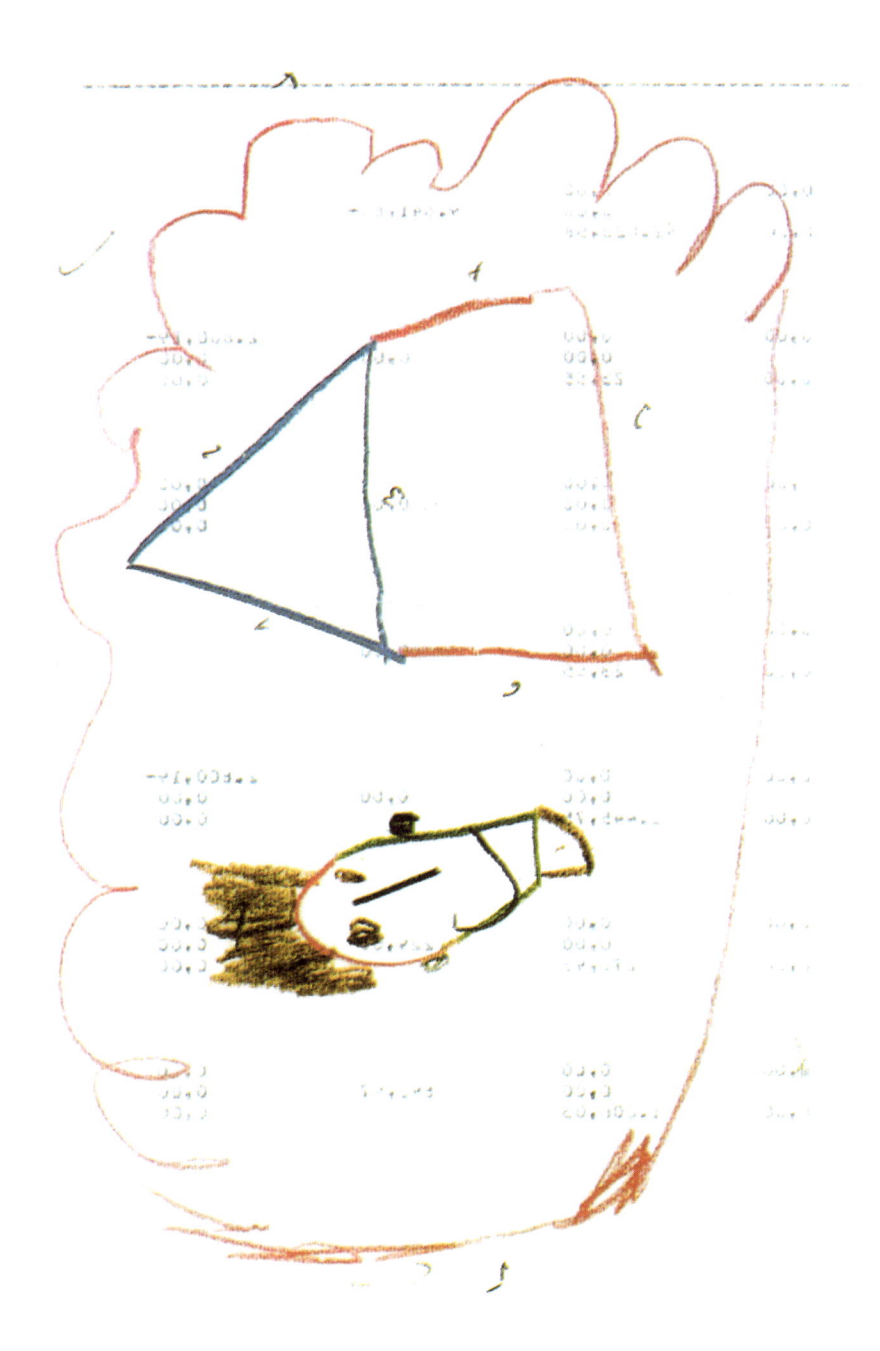

Figura 7

Figura 8. "Esquema filogenético de orientação".

Figura 9

Figura 10

Figura 11

Figura 12

BRINCAR:
O CAMINHO DESDENHADO

Gerda Verden-Zöller
Humberto R. Maturana

Conteúdo

INTRODUÇÃO   221

O BRINCAR E A CONSCIÊNCIA DE SI E DO OUTRO   228

O CAMINHO DESDENHADO   232

REFLEXÕES FINAIS   244

REFERÊNCIAS BIBLIOGRÁFICAS   246

Introdução

Nós, seres humanos modernos do mundo ocidental, vivemos numa cultura que desvaloriza as emoções em favor da razão e da racionalidade. Em consequência, tornamo-nos culturalmente limitados para os fundamentos biológicos da condição humana. Valorizar a razão e a racionalidade como expressões básicas da existência humana é positivo, mas desvalorizar as emoções – que também são expressões fundamentais dessa mesma existência – não o é. As emoções são disposições corporais (estruturais) dinâmicas que especificam, a cada instante, o domínio de ações em que um animal opera nesse instante. Isso se manifesta pelo fato de que, na vida cotidiana, distinguimos diferentes emoções nos seres humanos e em outros animais diferenciando os diversos domínios de ações (domínios comportamentais) em que eles se movem.

Noutros termos, nós, humanos, na qualidade de entes biológicos, estamos constitutivamente dotados de uma corporeidade dinâmica que, ao adotar configurações distintas, dá origem a emoções diferentes como disposições corporais dinâmicas diversas. Estas especificam diferentes domínios de ações, os quais constituem por esse meio o fundamento operacional de tudo o que fazemos, inclusive o que chamamos de comportamento, pensamentos e discursos racionais.

Em outras palavras, todos os domínios racionais que produzimos como seres humanos – seja qual for o domínio operacional em que ocorrem as ações que os constituem – têm um fundamento emocional. E assim é porque eles são constituídos pela aplicação consistente de algumas premissas básicas, direta ou indiretamente aceitas sem justificação racional, mas sim como resultado de alguma preferência. Além disso, movemo-nos de um domínio de ações a outro – ou de um domínio racional a outro – por meio de nosso emocionar. Fazemos isso ao adotar, de maneira implícita ou explícita, um conjunto ou outro de premissas básicas quando nossas emoções mudam, no fluxo entrelaçado de nosso emocionar e linguajear, que ocorre no fluir de nossos afazeres.

Devido à limitação diante das emoções, gerada em nós por nossa cultura, temos sido, no mundo ocidental, geralmente incapazes de perceber como nossas emoções, fisiologia e anatomia se entrelaçam necessariamente como um aspecto normal e espontâneo de nossa ontogenia (história de vida individual), desde a concepção até a morte. Ademais, por causa dessa limitação cultural, temos sido particularmente incapazes de perceber que o amor – como emoção que especifica o domínio dos comportamentos que constituem o outro como um legítimo outro em coexistência conosco – é a emoção que fundamenta e constitui o domínio social como o âmbito comportamental em que os animais, em convivência próxima, vivem em mútua aceitação. É também por causa dessa limitação cultural que temos sido incapazes de perceber que o amor participa na geração das consciências individual, social e de mundo na criança em crescimento. E o faz à medida que esta amplia sua consciência corporal, ao crescer numa relação de aceitação mútua e total com sua mãe ou mãe substituta (Verden-Zöller, 1979).

Mais ainda, é também devido a essa limitação cultural que nós, adultos ocidentais, temos sido incapazes de perceber que uma criança normalmente aprende a viver na linguagem como um domínio consensual de coordenações comportamentais de coordenações comportamentais (Maturana,

1978 e 1988). Ela o faz ao crescer na total aceitação corporal que o amor envolve em suas interações com a mãe ou quem a substitua.

Finalmente, por causa dessa mesma limitação, tampouco temos sido capazes de perceber que o amor é a emoção que constitui o domínio de ações no qual o compartilhar alimentos, as interações recorrentes numa convivência em sensualidade e ternura, bem como na colaboração do macho no cuidado das crias, puderam ocorrer como uma maneira de viver. Por se ter conservado na linhagem dos primatas à qual pertencemos, esse modo de vida viabilizou as coordenações comportamentais consensuais recorrentes que deram origem à linguagem. Com efeito, se deixarmos de desvalorizar as emoções poderemos perceber que o amor fez de nós a classe de animais que somos como seres humanos. E o fez ao constituir em nossos ancestrais hominídeos o domínio de ações em que surgiu a linguagem, adquirida por toda criança que vive sua ontogenia como uma criança humana sadia. Mas também será possível perceber que, ao mesmo tempo em que o amor nos tornou humanos, também nos fez seres fisiologicamente dependentes dele, e assim suscetíveis a que sua perda altere o nosso bem-estar psíquico e somático. Por isso, a maior parte de nossas doenças, tanto psíquicas quanto somáticas, surge como resultado de diferentes interferências em nossa biologia no domínio do amor em distintos momentos de nossas vidas.

Do ponto de vista biológico, o amor é a emoção que constitui o domínio de ações no qual o outro é aceito como é no presente, sem expectativas em relação às consequências da convivência, mesmo quando seja legítimo esperá-las. O desenvolvimento biológico sadio de uma criança requer uma vida de amor e aceitação mútua – e sem expectativas sobre o futuro –, com sua mãe e os outros adultos com os quais ela convive. Ao mesmo tempo, também do ponto de vista biológico, uma criança em crescimento requer uma vida de atividades válidas em si mesmas e que se realizem sem nenhum propósito externo a elas. Em tal modo de vida, a atenção da criança pode estar plenamente nas próprias atividades e não em seus resultados.

Do que dissemos, segue-se que o brincar, como relação interpessoal, só pode acontecer no amor; que uma relação interpessoal que ocorre no amor é necessariamente vivida como brincadeira; e, ainda, que a relação mãe-filho deve ser um relacionamento no brincar. Um de nós – a Dra. Gerda Verden-Zöller – estudou esse aspecto da relação mãe-filho. Revelou o papel fundamental que o brincar (em especial os jogos materno-infantis) tem na criança em crescimento, tanto para o desenvolvimento de sua autoconsciência, consciência social e de mundo, quanto para o desenvolvimento de seu autorrespeito e autoaceitação (Verden-Zöller, 1982).

Com certeza há outras emoções que, ao longo do crescimento de uma criança – e no curso da vida de um adulto –, são centrais para a constituição das diferentes classes de mundos e sistemas de valores que criamos em nosso viver, sozinhos ou com os outros. Tais emoções são expressas por palavras como agressão, competição e egoísmo. No entanto, os domínios de ações que elas trazem consigo não pertencem ao social. Ao contrário, sua presença nega a relação social. Acreditamos que o amor não foi reconhecido como a emoção que constitui o fenômeno social principalmente porque a percepção de sua presença fundamental na interação social está obscurecida pelo efeito impactante das emoções que o negam. Assim, quando percebemos o amor nas circunstâncias em que sua presença subjacente se torna por contraste bem evidente, nós o tratamos como algo especial ou excepcional.

Tampouco o amor tem sido visto como a emoção que fundamenta o social. Entendemos – de modo inadequado – que a dinâmica evolutiva biológica trata a seleção de vantagens de sobrevida como o mecanismo que gera as mudanças evolutivas. Por isso, consideramos a agressão, a competição e a dinâmica de relações custo-benefício na busca de vantagens relativas, fatores centrais para explicar a evolução humana. Neste texto, ao contrário, sustentamos não só que o amor é a emoção básica na configuração do humano – na evolução da linhagem de primatas bípedes à qual pertencemos –, mas também que a evolução biológica não se dá sob a pressão da competição. Ela também não ocorre num processo de maximização de vantagens seletivas e numa estratégia de custo-benefício – mesmo quando é sempre possível falar *a posteriori* como se esse tivesse sido o caso, depois de construir uma história filogenética específica.

A evolução biológica dá-se como um sistema ramificado de filogenias, no qual cada linhagem nova surge como uma ramificação filogenética quando começa a se conservar, reprodutivamente, um novo modo de vida que é uma variante da que definia a linhagem anterior. Quando isso acontece, a conservação reprodutiva do novo modo de vida permite que tudo o mais possa mudar em torno dele. E a nova linhagem dura enquanto o modo de vida que a define se conserva, qualquer que seja a magnitude de outras mudanças. Na qualidade de processo, a evolução acontece como uma deriva filogenética (Maturana e Mpodozis, 1992) que segue um caminho gerado, a cada passo reprodutivo, na conservação de uma forma específica de viver. Esta se estende desde a concepção do organismo até a sua morte. A isso chamamos de fenótipo ontogenético.

É por essa razão que sustentamos, como foi dito acima, que foi a conservação de um modo de vida que incluía coordenações comportamentais consensuais em ternura e sensualidade sob a emoção do amor – na dinâmica da aceitação mútua em convivência próxima – que tornou possível a origem da linguagem. No curso da história, isso resultou no primata linguajeante que somos. Também sustentamos que, quando a linguagem surgiu nas coordenações de ações de uma convivência sensual íntima, ela o fez dando forma a uma maneira de viver no entrelaçamento do linguajear com o emocionar. É o que chamamos de conversar e constitui, de fato, a maneira humana de viver (Maturana, 1988).

Por fim, também mantemos que a participação básica original do amor na constituição do modo humano de viver ainda se conserva no desenvolvimento infantil, em sua necessidade de viver em amor para cumprir seu desenvolvimento fisiológico e social normal – sem que importe o que vem acontecendo com nosso emocionar adulto em nossa atualidade cultural mais recente.

Uma vez estabelecido o conversar como uma forma de vida que constitui o viver humano ao surgir a linguagem, foi possível que se constituíssem diferentes culturas como distintas redes de conversação (redes diferentes de entrelaçamento do linguajear e do emocionar). Muitas delas levaram à validação da agressão e da competição como modos de viver que parecem negar o papel básico do amor na vida humana moderna.

Contudo, o papel efetivo do amor – e sua necessidade diária para o desenvolvimento sadio da criança – indica que a participação dessas outras emoções, em muitas das diferentes maneiras de viver que se encontram na Terra, constitui características culturais. Elas só podem ocorrer como fenômenos humanos se não houver interferência total com a presença básica do amor; e viver nelas não é um aspecto essencial da condição humana primária. Finalmente, sustentamos que o linguajear e o conversar – e portanto a humanidade – não poderiam ter surgido se emoções como a agressão ou a competição tivessem sido fundamentais na definição do fenótipo ontogênico conservado em todas as linhagens de primatas bípedes.

Como parte de um intuito mais amplo de superar nossa limitação cultural ocidental em relação às emoções em geral – e ao amor em particular –, desejamos agora falar do que acontece na relação materno-infantil na primeira infância. E queremos fazê-lo da maneira que se segue.

Na seção seguinte, apresentamos um resumo das principais observações feitas pela Dra. Gerda Verden-Zöller sobre o brincar no desenvolvimento da consciência de si e da consciência social da criança. A síntese trata tanto dos resultados conseguidos no transcorrer da pesquisa sobre a relação entre o desenvolvimento sensorial e o da consciência corporal na primeira infância (Verden-Zöller, 1982), quanto dos obtidos por seu trabalho com mães e grupos de jogos materno-infantis. Por outro lado, na seção "O caminho desdenhado" apresentaremos a transcrição de uma conferência dada pelo Dr. Maturana, por ocasião da graduação das mães participantes de um dos Seminários de Mães da Dra. Gerda Verden-Zöller, em seu Instituto de Ecopsicologia em Passau, Alemanha.

O brincar e a consciência de si e do outro*

1. Na criança, a consciência individual surge com o desenvolvimento de sua consciência corporal, quando ela aprende seu corpo e o aceita como seu domínio de possibilidades, ao aprender a viver consigo mesma e com os outros na linguagem. Esse processo ocorre como um aspecto normal do desenvolvimento, no qual a criança só alcança a plenitude de sua integridade biológica sensório-motora, emocional e intelectual se vive na total confiança que a plena aceitação da mãe e do pai implicam. Isso não é fantasia. As dinâmicas corporal e fisiológica da criança são diferentes se ela vive na confiança trazida pela aceitação, ou sob a dúvida ou a desconfiança que configuram a rejeição. E o seu corpo (inclusive, é claro, o sistema nervoso) cresce de modo diverso em cada caso. Ademais, essa dependência – ou melhor, essa interdependência entre as dinâmicas corporal e de aceitação mútua – da confiança e da desconfiança na relação interpessoal está presente durante toda a vida humana.
2. Em nossa cultura, o desenvolvimento mental sadio da criança como ser amoroso, física, emocional e intelectualmente bem integrado, é frequentemente alterado – algumas vezes de modo dramático –, porque implica um modo de vida que exige continuamente que a mãe ou o pai

---

* Verden-Zöller, 1978 e 1982.

dirijam sua atenção para além do presente de seu encontro com os filhos. Se os olhos da mãe ou do pai não se encontram com os da criança ou bebê; se a mãe ou o pai não respondem aos sons do bebê com sons congruentes, segundo o fluxo de suas interações com ele; se, enfim, não tocam a criança ou bebê quando estes os tocam, a criança ou o bebê se tornam seres sem identidade nem sentido próprio. Isto é, caem num vazio existencial, pois carecem da referência operacional por meio da qual geram as coordenações sensório-motoras que, ao fazer deles seres sociais na linguagem, os tornarão humanos.

3. A criança só adquire sua consciência social e autoconsciência quando cresce na consciência operacional de sua corporeidade. Ela só pode crescer dessa maneira quando o faz numa dinâmica de brincadeiras com a mãe e o pai. Nessas interações, seus corpos se encontram em total aceitação mútua quando se tocam, escutam-se e se veem no presente, numa dinâmica de confiança mútua e total. É essa confiança que dá à criança a possibilidade de crescer em autoaceitação e autorrespeito que possibilitam que ela aceite os outros, o que constitui a vida social. Em outras palavras, é na confiança não competitiva em seu próprio ser que uma criança adquire, ao viver a confiança e a aceitação de seus pais no brincar, a possibilidade de entrar na confiança não competitiva e na aceitação do outro na coexistência que constitui o domínio das relações sociais.

4. As exigências da vida cotidiana – próprias da coexistência na rede de conversações que compõe nossa atual cultura ocidental – interferem com a habilidade natural da mãe para se encontrar com seus filhos no brincar. Acontece que a maneira de viver implicada nessa cultura impele

continuamente a mãe a distanciar sua atenção de seus filhos quando está com eles, por meio de discursos sobre temas como o futuro, o êxito, a realização profissional, as aspirações de progresso... Em outros termos, uma mãe que esteja pensando em seu próprio êxito profissional – ou no futuro de seus filhos, ou em como eles sobreviverão – quando deveria viver com eles no brincar e não o faz, não se encontra com seus filhos no presente de sua interação. Quando isso acontece, mães e filhos não se enxergam. De fato, na cultura ocidental muitos de nós perdemos a capacidade de brincar, pelo fato de estarmos continuamente submetidos às exigências do competir, projetar uma imagem ou obter êxitos, numa forma de vida já descrita como luta constante pela existência. Para ser realmente pais e mães que vivem com seus filhos no presente, e não na fantasia do futuro ou do passado, temos de readquirir essa capacidade.

5. Brinca-se quando se está atento ao que se faz no momento em que se faz. Isso é o que agora nos nega nossa cultura ocidental, ao chamar continuamente nossa atenção para as consequências do que fazemos e não para o que fazemos. Assim, dizer "devemos nos preparar para o futuro" significa que devemos dirigir a atenção para fora do aqui e agora; dizer "devemos dar boa impressão" quer dizer que devemos atentar ao que não somos mas ao que desejamos ser. Ao agir dessa maneira, criamos uma fonte de dificuldades em nossa relação com os outros e com nós mesmos, pois estamos onde está a nossa atenção e não onde estão nossos corpos. Brincar é atentar para o presente. Uma criança que brinca está envolvida no que faz enquanto o faz. Se brinca de médico, é médico; se brinca de

montar num cavalo, é isso que ela faz. O brincar não tem nada a ver com o futuro. Brincar não é uma preparação para nada, é fazer o que se faz em total aceitação, sem considerações que neguem sua legitimidade. Nós, adultos, em geral não brincamos, e frequentemente não o fazemos quando afirmamos que brincamos com nossos filhos. Para aprender a brincar, devemos entrar numa situação na qual não podemos senão atentar para o presente (como acontece nos seminários maternais e nos grupos de jogos materno-infantis da Dra. Gerda Verden-Zöller).

6. Nossa consciência operacional do mundo em que vivemos é uma expansão de nossa consciência corporal. Os mundos que vivemos surgem como domínios de ações enquanto realizamos nossa corporeidade em nossas coordenações sensório-motoras. Desenvolvemos consciência corporal ao crescer em total aceitação do corpo na intimidade das relações de brincadeiras com nossas mães e pais. Ademais, todas as dimensões de nossa existência humana, na condição de seres que vivem no linguajear, acontecem como reconsiderações sobre o operar de nossa corporeidade. Elas expandem a consciência corporal à medida que existimos como seres sociais, que se tornam o que são pela total aceitação e confiança que prevalecem no brincar materno-infantil.

7. Para nós a brincadeira é uma atitude fundamental e facilmente perdível, pois requer total inocência. Chamamos de brincadeira qualquer atividade humana praticada em inocência, isto é, qualquer atividade realizada no presente e com a atenção voltada para ela própria e não para seus resultados. Ou, em outros termos, vivida sem propósitos ulteriores e sem outra intenção além de sua própria prática.

Qualquer atividade humana que seja desfrutada em sua realização – na qual a atenção de quem a vive não vai além dela – é uma brincadeira. Deixamos de brincar quando perdemos a inocência, e a perdemos quando deixamos de atentar para o que fazemos e voltamos nossa atenção para as consequências de nossas ações – ou para algo mais além delas –, enquanto ainda estamos no processo de realizá-las. Adquirimos consciência individual e social por meio da consciência corporal operacional. Esta, por sua vez, é por nós adquirida no livre brincar com nossas mães e pais ao crescermos como seres que vivem na linguagem, na intimidade de nossa convivência com eles. Perdemos nossa consciência social individual à medida que deixamos de brincar. E assim transformamos nossas vidas numa contínua justificação de nossas ações em função de suas consequências, num processo que nos torna insensíveis em relação a nós mesmos e aos demais.

*O caminho desdenhado**

Prezadas senhoras, quero dizer-lhes algumas palavras sobre o amor e a origem da humanidade. E também mostrar-lhes como isso se relaciona com o trabalho que vocês fazem com a Dra. Verden-Zöller, bem como com outros aspectos da vida diária.

---

* Palestra dada na Alemanha por Humberto Maturana, por ocasião da graduação de um grupo de mães participantes num curso (oficina) de relação materno-infantil.

Não há nada mais difícil do que estudar a normalidade com base na normalidade, porque estamos acostumados a olhá-la pelo ângulo patológico. Por isso, ao estudar o normal da relação materno-infantil, a Dra. Verden-Zöller fez algo fora do comum. Contudo – e ao mesmo tempo, não há nada mais difícil de valorizar e respeitar do que aquilo que o outro nos diz, quando é tão fundamental que depois de ouvido nos parece óbvio. Tomara que não nos aconteça isso com o que nos mostra a Dra. Verden-Zöller e que agora assinalo nesta conferência. Ela nos revela que o brincar é a condição da inocência na ação. Não desdenhemos isso só porque, baseados em nosso distanciamento na pretensa seriedade da vida adulta, ele nos parece trivial ou não transcendente.

Nossa origem humana está em uma linha de primatas bípedes, que pode ser rastreada até cerca de 3,5 milhões de anos passados. Esses seres originais na história da humanidade tinham mais ou menos o tamanho de uma criança de oito anos de idade. Caminhavam na posição ereta, como nós, e devem ter sido caminhantes com a mesma capacidade que temos para movimentar o corpo de acordo com o modo de viver. Sua massa cerebral era cerca de um terço da nossa, e é possível afirmar que viviam em grupos relativamente pequenos – 5 a 10 indivíduos, incluindo adultos, jovens e bebês. Esses seres eram coletores de alimentos: sementes, nozes, raízes e restos de outros animais deixados por carnívoros predadores. De fato, comiam os mesmos alimentos que agora cozinhamos para alimentar-nos, embora naquele tempo fossem sementes de pastagens silvestres, que não produziam os grandes grãos que agora comemos, ou então raízes suculentas, diferentes das que cultivamos.

Na evolução, o fundamental para o estabelecimento de uma linhagem é a conservação de um modo de vida em sucessão reprodutiva. Se vocês examinarem qualquer tipo de animal ou planta, reconhecerão que cada um tem uma maneira específica de viver, que implica também um modo de desenvolvimento e crescimento. A forma de vida própria de nossos ancestrais era, basicamente, igual à nossa de hoje. Mas sem linguagem: eles viviam em grupos pequenos, como famílias que compartilhavam os alimentos. Viviam na proximidade sensual da carícia, pois eram animais que andavam eretos. Viviam em sexualidade frontal, o que implicava estar face a face uns com os outros, na ternura e na intimidade de encontros visuais e táteis. Por último, viviam também na participação dos machos na criação dos filhos, num âmbito de relações permanentes, sustentado pela sexualidade contínua, não sazonal, das fêmeas.

As diferentes culturas são modos diversos de convívio no entrelaçamento do linguajear e do emocionar, que especificam e definem diferentes modos de viver as relações humanas. Assim, há culturas nas quais aos homens é dito que não têm nada a ver com o cuidado das crianças. Entretanto, quando se observa o que acontece com eles, pode-se perceber que quando se rompe a prescrição cultural que nega sua participação no cuidado das crianças, eles – os machos – se interessam por elas, preocupam-se e cooperam com as mulheres nesse cuidado.

Nos sistemas vivos, nada ocorre que sua biologia não permita. A biologia não determina o que acontece no viver, mas especifica o que pode acontecer. Se não houvesse em nós, machos humanos, a possibilidade biológica de fazê-lo, não teríamos a disposição para cuidar das crianças e não desfrutaríamos esse cuidado. Não se pode esperar que um gato macho adulto cuide de suas crias. Para ele, elas não existem, ou só existem marginalmente.

Mas nós, os machos humanos, não temos nenhum problema em relação a isso – ao contrário. De modo que esse é um ponto importante da história dos seres humanos: os machos têm participado da criação dos filhos. Desse modo de viver em ternura e estreita interação sensual, compartilhando o alimento, com a participação dos machos no cuidado dos filhos, originou-se a linguagem como forma de coordenar ações. Mas isso não é tudo. Existe uma emoção que deve ter sido a base do coemocionar na convivência que deu origem ao humano. Isso aconteceu quando o conviver no linguajear se tornou o modo de vida fundamental que se conservou, geração após geração, constituindo a nossa linguagem. Essa emoção é o amor.

Do ponto de vista biológico, o amor é a disposição corporal sob a qual uma pessoa realiza as ações que constituem o outro como um legítimo outro em coexistência. Quando não nos comportamos dessa maneira em nossas interações com o outro, não há fenômeno social. O amor é a emoção que fundamenta o social. Cada vez que se destrói o amor, desaparece o fenômeno social. Pois bem: o amor é algo muito comum, muito simples, mas fundamental. Essa reunião, na qual nos aceitamos mutuamente, só ocorre sob a emoção amorosa. Se ela desaparecesse e continuássemos reunidos nesta palestra, haveria hipocrisia se atuássemos como se nos aceitássemos mutuamente sem fazê-lo. Na verdade, na vida cotidiana afirmamos que alguém age de modo hipócrita quando, após observar o seu comportamento – aparentemente impecável no amor, na aceitação do outro com um legítimo outro em coexistência –, temos motivos para duvidar de sua sinceridade. A hipocrisia é sempre *a posteriori*. Enquanto estiver presente o comportamento do amor, supõe-se sinceridade. Se a conduta de mútua aceitação não for sincera, cedo ou tarde se rompe a relação social.

Na história da humanidade e de seus ancestrais – e estou falando dos últimos 3,5 milhões de anos –, se o amor não estivesse presente como o constante fundamento da coexistência das pequenas comunidades em que viviam nossos ancestrais, não poderíamos existir como agora existimos. Não teria se originado a linguagem, e ela não se teria estabelecido como o modo básico de convivência de nossos ancestrais. O oposto do amor não é o ódio, é a indiferença, e nela os seres não se encontram nem permanecem juntos. É claro que deve ter havido agressões ocasionais, mas nenhum sistema social pode se basear na agressão, porque ela leva à separação e portanto à negação do social.

Afirmo que a linguagem não pode ter surgido, na história que nos deu origem, se nela o amor não fosse a emoção central que a guiou. Assim, também sustento que, apesar de vivermos agora em guerras e abusos, somos filhos do amor. Compreender isso é absolutamente essencial para entender o ser humano, pois em nosso processo de desenvolvimento individual o amor é um elemento essencial, do útero ao túmulo. Na verdade, acredito que 99% (posso estar enganado, pode ser 97%) dos males humanos têm sua origem na interferência com a biologia do amor. Em seu desenvolvimento, a criança requer como elemento essencial (não circunstancial) a permanência e a continuidade da relação amorosa entre ela, sua mãe e demais membros da família. Isso é fundamental para o desenvolvimento fisiológico, para o desenvolvimento do corpo, das capacidades sensoriais, da consciência individual e da consciência social da criança.

Estou certo de que vocês têm consciência disso por meio de seus corpos, na qualidade de mães. Mas em geral, em nossa cultura, embora se fale de amor, ele não é compreendido como um fenômeno biológico e não se crê nele como um fator constitutivo do humano.

Por que isso acontece? Por que essa falta de visão do papel essencial do amor como o domínio das ações que constituem o outro como um legítimo outro na convivência em nosso presente cultural? Em minha opinião isso se deve a duas razões. Uma é que pertencemos a uma cultura que desvaloriza as emoções. Assim, é corriqueiro que nela se ache que as emoções são uma perturbação que interfere com a racionalidade. Estou certo de que a todas vocês – como também a mim – era pedido, no lar e na escola, que controlássemos nossas emoções e fôssemos racionais. A racionalidade é algo essencial, não há dúvida. Nada desta palestra ou conversação poderia acontecer se não nos movêssemos no pensamento racional. Mas as emoções são igualmente fundamentais. Esta conversação não se daria sem a emoção que a sustenta, sem o desejo de tê-la num âmbito de mútuo respeito.

A outra razão é que as crianças em geral se desenvolvem normalmente, sem que tenhamos de fazer nada de especial para isso. Basta que gostemos delas, o que ocorre sem esforço na maior parte do tempo. Mas há muito que não percebemos precisamente por que, para muitos de nós, a vida transcorre na normalidade do amor. Não temos uma forma imediata de saber se é diferente para o embrião que cresce se a mãe o deseja ou não, ou se o companheiro da mãe quer ou não o futuro bebê. A fisiologia da mãe é diferente num caso e no outro, já que querer ou não que nasça o bebê aparece nas conversações da mãe e estas afetam a fisiologia do embrião. Ainda não sabemos – ou sabemos muito pouco – como tais conversações afetam o crescimento do embrião ou do feto.

Ademais, a linguagem tem a ver com o toque, o tocar-se e a sensualidade, e assim se mostra no que dizemos. Por exemplo, quando falamos da forma de um discurso, usamos expressões táteis como "acariciou-me com a sua voz", "feriu-me com suas palavras", ou "tocou-me profundamente com o que disse". Ao conversar tocamo-nos uns aos outros, ao fazê-lo desencadeamos mudanças em nossa fisiologia. Podemos nos matar com palavras, do mesmo modo que elas podem nos levar à alegria ou à exaltação. Por outro lado, ao comentar o conteúdo de um discurso não empregamos expressões táteis, mas sim visuais: "O que ele disse estava muito claro", ou "esteve brilhante". Dessa maneira, as conversações da mãe grávida não são triviais no que se refere ao desenvolvimento embrionário ou fetal da criança. Tampouco o são para a criança depois do nascimento; e não dá no mesmo falar do futuro bebê, ou da criança já nascida, em termos de amor ou rejeição.

Na atualidade, vivemos imersos numa cultura que diminui o valor das emoções e que, ao mesmo tempo em que nos mergulha em emoções contraditórias, pede que as neguemos ou que as controlemos. Sustento que as emoções são disposições corporais dinâmicas que especificam, a cada instante, o domínio de ações em que nos movemos nesse instante. Se vocês prestarem atenção a como reconhecem as emoções em vocês mesmas ou nos outros, observarão que estão sempre atentas às ações.

Se cada emoção configura um domínio particular de ações, fazemos coisas diferentes sob distintas emoções. Há também emoções contraditórias, porque configuram domínios de ações que se negam mutuamente. Os conflitos emocionais nos paralisam precisamente porque nos levam a ações que se opõem ou a oscilações de comportamento. Ao mesmo tempo, há ações que constituem domínios de ações complementares que se acompanham ou se potencializam mutuamente, aumentando sua intensidade – o que expressamos com a palavra "paixão".

Vejamos alguns exemplos de emoções contraditórias, como o caso de uma mãe – e profissional – que tem uma filha pequena. Quando ela está com sua filhinha, pensa que deveria estar em seu trabalho; quando está no trabalho, pensa que deveria estar com a filhinha. Essa mãe vive uma contradição emocional recorrente: quando está com a filha, sente falta de sua realização profissional, coisa que aparece em seu conversar; quando está se realizando com o desempenho de suas tarefas profissionais, sente falta da filha – e isso também se torna aparente em seu conversar. O problema suscitado por essa circunstância é que, se a mãe está com sua filha, sentindo falta de sua realização profissional, ela e a criança não estão juntas, pois rompeu-se a aceitação mútua.

Se a atenção da mãe muda continuamente para outra parte, distante de sua filha, a criança desaparece. Pode acontecer que a mãe a tenha em seus braços e pense que está brincando com ela, mas tal não acontece. A mãe exerce uma conduta descrita como brincadeira, mas não está brincando. Quando isso ocorre a uma pessoa, ela está consciente de que algo falha em sua relação e culpa a si mesma ou à criança. Se você está junto de um adulto, seu esposo, amante ou amigo, e essa pessoa tem a atenção fixada em alguma outra parte, em alguma outra coisa, você sabe que essa companhia é fictícia e se queixa: "Não está comigo". Pois bem, a criança pequena não sabe se queixar, não sabe o que lhe acontece, apenas desaparece pouco a pouco e se transforma num ser distante: e então chora e fica doente. Chora ou apresenta algum problema de desenvolvimento.

Como exemplo, seria possível falar de dificuldades de desenvolvimento da inteligência infantil ligadas à aprendizagem da fala ou, mais adiante, em relação ao rendimento escolar. Logo, pode ser que haja problemas sensoriais no rendimento escolar. Ou podem surgir problemas de temperamento, angustiantes para os pais que não sabem o que fazer: pensam que amam seus filhos e assim não percebem a negação de seu amor, pois estão limitados em relação a eles. Todas essas dificuldades são expressões da carência amorosa, da ausência das condutas que constituem o outro – a criança, no caso – como um legítimo outro em convivência. Isso não quer dizer que a mãe deva estar o tempo todo com ela, mas tem de realmente estar presente quando está com ela.

A relação permanente com a mãe deve ser íntima, na total aceitação no presente. Quando essa relação entre mãe e filho se rompe, a mãe também é afetada e a ela acontecem coisas que os demais qualificariam como instabilidades e distorções emocionais ou angústias. A situação de perder o contato, de perder a relação amorosa com a criança, origina-se, como foi dito, do fato de que a mãe distancia a sua atenção da criança quando está com ela, e assim não está com ela apesar da proximidade. Vivemos numa cultura que continuamente nos exige que prestemos atenção a algo diferente do que estamos fazendo num dado momento. Isso acontece, por exemplo, quando faço o que faço com minha atenção posta no que vou obter e não no que estou fazendo; quando minha atenção está voltada para o resultado de meu afazer e não para ele próprio.

Vocês dizem a seus filhos que eles têm de estudar porque quando crescerem vão precisar do que estão aprendendo hoje. E falam: se vocês fizerem isso, vão obter isso ou aquilo (uma moeda, um doce, boa saúde). Contudo, se não voltarmos nossa atenção para o que fazemos, não o fazemos: fazemos outra coisa. O que a Dra. Verden-Zöller mostrou, com seu trabalho, é que na relação materno-infantil sadia a mãe, ao brincar com seu filho, está realmente com ele. Sua atenção não se separa da criança mesmo quando, em seu olhar sistêmico, tenha presente todo o entorno doméstico. Brincar não é de maneira nenhuma uma preparação para ações futuras: vive-se o brincar quando ele é vivido no presente. Quando as crianças brincam imitando atividades adultas, não estão se preparando para estas. No momento de brincar, as crianças (e também os adultos, quando brincam) são o que a brincadeira indica.

Entretanto, vivemos numa cultura que nega a brincadeira e valoriza as competições esportivas. Nessa cultura não se espera que brinquemos, porque devemos estar fazendo coisas importantes para o futuro. Não sabemos brincar. Não entendemos a atividade da brincadeira. Compramos brinquedos para os nossos filhos para prepará-los para o futuro.

Não estou dizendo que não seja bom que uma criança tenha um brinquedo, o qual lhe trará como resultado certas habilidades futuras. O que digo é que a dificuldade surge quando interagimos com nossos filhos ou entre nós mesmos com a atenção no futuro, e no que estamos fazendo no momento. A Dra. Verden-Zöller descobriu, em primeiro lugar, que a relação materno-infantil no brincar – como uma relação de total aceitação e confiança no encontro corporal da criança e da mãe; com a atenção desta posta no encontro e não no futuro ou na saúde do filho; não no que virá, mas sim no simples fluxo da relação – é fundamental para o desenvolvimento da consciência corporal e o lidar com o espaço.

Em segundo lugar, ela descobriu que essa relação de total aceitação e confiança, no encontro corporal mãe-filho, é essencial para o crescimento da criança como um ser que pode viver em dignidade e respeito por si mesmo, em consciência individual e social. Em terceiro lugar, a Dra. Verden-Zöller descobriu que toda atividade realizada com a atenção dirigida para ela própria se dá no brincar, num presente que não confunde processo com resultado. É portanto inocente e transcorre sem tensão e angústia, como um ato que se vive no prazer e é o fundamento da saúde psíquica, porque se vive sem esforço mesmo quando no fim há cansaço corporal. Além do mais, ela mostrou como podemos recuperar nossa capacidade de brincar e, em última análise, como podemos viver nosso cotidiano como um contínuo brincar.

O cirurgião que extrai com perfeição uma vesícula brinca enquanto opera. Vocês podem verificar isso pelos comentários dos médicos. Eles falam como se tudo houvesse corrido muito bem, maravilhosamente bem. Lembro-me de que quando estudava medicina perguntei a um de meus professores como era ser cirurgião, como era a prática da cirurgia. "É algo delicioso", respondeu ele. Fiquei surpreso, porque me pareceu que era uma crueldade falar assim. O prazer estava no fato de cortar corpos? Claro que não: o prazer não reside nisso, está em fazer algo sem nenhum esforço. O que só acontece quando se está brincando, na inocência de simplesmente ser o que se é no instante em que se é. Quando Jesus falou:

"Tereis de ser como crianças, para entrar no Reino de Deus", disse precisamente isso: só quem vive na inocência, no presente, e não se distancia nas aparências nem no futuro das consequências do seu fazer, viverá no Reino de Deus.

A Dra. Verden-Zöller mostrou que, para a criança, viver em relação com sua mãe na intimidade da aceitação total recíproca é essencial tanto para o desenvolvimento de sua consciência corporal quanto para o seu crescimento como um ser social que vive em respeito por si mesmo e pelo outro, com base em sua capacidade de ser uma pessoa digna e independente. E vocês, que participaram das oficinas, reaprenderam a brincar, a viver um espaço de brincadeiras como uma experiência legítima e fundamental. Mas não apenas isso: também não fizeram simplesmente alguns exercícios mais ou menos novidadeiros. A Dra. Verden-Zöller as guiou num espaço experimental preciso, mediante práticas exatas que as levaram a recuperar a visão de mundo da infância, de maneira que agora podem viver com seus filhos a abertura e a diversidade relacional. E fazer isso na aceitação emocional e corporal de que eles necessitam para o desenvolvimento da consciência de si e da sociedade, bem como para o seu crescimento em respeito por si mesmos e pelos outros, precisamente porque vocês recuperaram esse espaço.

Com a Dra. Verden-Zöller, vocês aprenderam movimentos, danças, exercícios ou jogos. Se eles fossem realizados fora da compreensão e do olhar voltado para o modo como uma criança desenvolve sua consciência corporal, individual e social, por meio da intimidade da relação corporal em confiança e mútuo respeito com sua mãe, eles não satisfariam a configuração relacional que a doutora lhes dá: seriam apenas ginástica, dança e entretenimento. Finalmente, quero destacar que aquilo que vocês aprenderam com a Dra. Verden-Zöller é o resultado de seu prolongado estudo do desenvolvimento normal da criança num espaço salutar de relações materno-infantis; e quero felicitá-las por terem participado de suas oficinas. Muito obrigado.

Reflexões finais

Em geral, estamos habituados a aceitar o desenvolvimento normal da criança como algo natural e espontâneo. Por isso, não percebemos o muito que ele depende de que a relação materno-infantil se dê de fato como um relacionamento no brincar, no qual mãe e filho interagem de modo recorrente em aceitação mútua e total. A pesquisa de um de nós (Verden-Zöller, 1982) mostra que sem um encontro corporal mãe-filho em total aceitação não há brincadeira na relação; que sem o jogo materno-infantil a criança não aprende a brincar; que sem relação corporal de brincadeiras materno-infantis não há uma práxis corporal satisfatória; que sem esta não há uma adequada consciência corporal; que sem ela não há um desenvolvimento sensorial adequado; que sem este – e uma apropriada consciência corporal – não há construção do espaço nem consciência espacial satisfatória; e que sem tudo isso não há um desenvolvimento salutar da consciência de si nem da consciência social.

Nossa cultura ocidental atual rompe a espontaneidade da relação materno-infantil. Nossa ignorância dessas relações resultou em práticas cotidianas que, sob as condições de empilhamento em que se vive nas cidades modernas, submetem as mães à contínua exigência de afastar sua atenção de seus filhos quando estão com eles. O resultado é que não é fácil para estes ter um desenvolvimento adequado de sua consciência individual e social.

Ademais, toda atividade humana é realizada num domínio de ações especificado por alguma emoção particular (Maturana, 1988). A emoção básica que nos torna seres humanos sociais – por meio da especificação do espaço operacional de mútua aceitação em que operamos como seres sociais – é o amor. Ele é a emoção que constitui o domínio da aceitação do outro em coexistência próxima. Sem um desenvolvimento adequado do sistema nervoso no amor, tal como vivido no brincar, não é possível aprender a amar e não é possível viver no amor. Do mesmo modo, o desenvolvimento salutar de nossa consciência individual e social, bem como a elaboração adequada de nossas capacidades emocionais e intelectuais – e, em especial, de nossa capacidade de amar, com tudo o que isso implica –, depende de nosso crescimento no brincar. E também de que aprendamos a brincar por meio da intimidade de nossas relações de aceitação mútua com nossas mães e pais.

Nossa cultura ocidental moderna desdenhou o brincar como uma característica fundamental generativa na vida humana integral. Talvez ela faça ainda mais: talvez negue o brincar como aspecto central da vida humana, mediante sua ênfase na competição, no sucesso e na instrumentalização de todos os atos e relações. Acreditamos que para recuperar um mundo de bem-estar social e individual – no qual o crime, o abuso, o fanatismo e a opressão mútua não sejam modos institucionalizados de viver, e sim erros ocasionais de coexistência –, devemos devolver ao brincar o seu papel central na vida humana. Também cremos que para que isso aconteça devemos de novo aprender a viver nessa atmosfera.

Referências bibliográficas

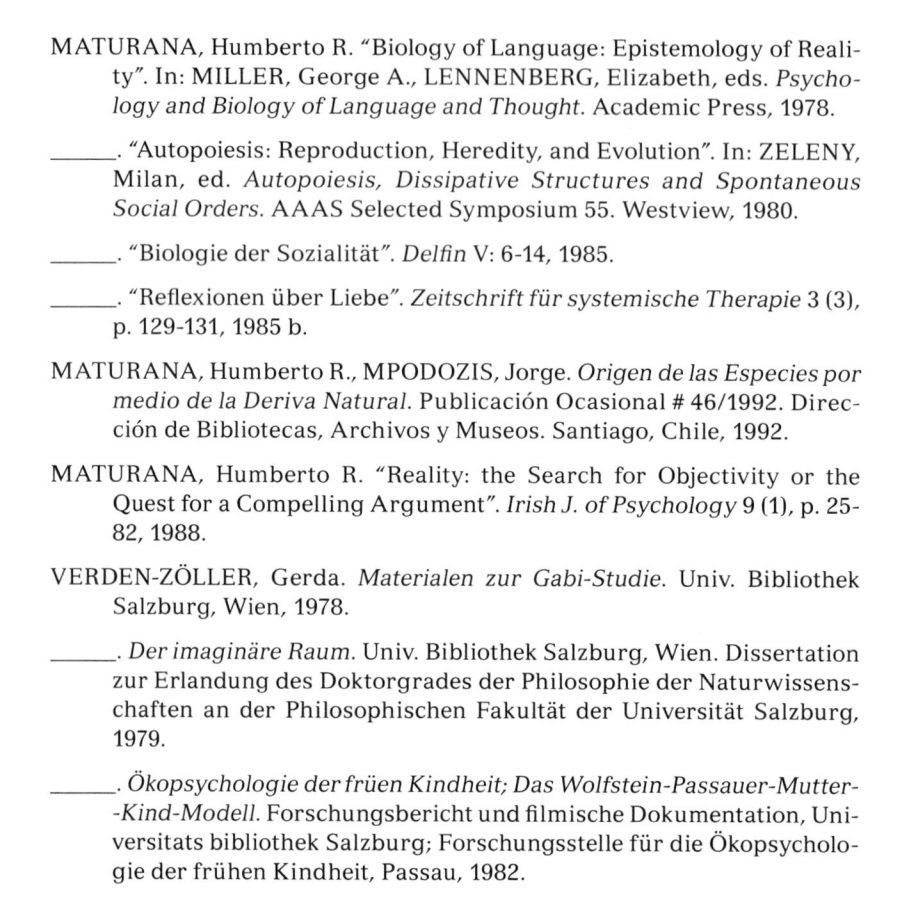

MATURANA, Humberto R. "Biology of Language: Epistemology of Reality". In: MILLER, George A., LENNENBERG, Elizabeth, eds. *Psychology and Biology of Language and Thought*. Academic Press, 1978.

_____. "Autopoiesis: Reproduction, Heredity, and Evolution". In: ZELENY, Milan, ed. *Autopoiesis, Dissipative Structures and Spontaneous Social Orders*. AAAS Selected Symposium 55. Westview, 1980.

_____. "Biologie der Sozialität". *Delfin* V: 6-14, 1985.

_____. "Reflexionen über Liebe". *Zeitschrift für systemische Therapie* 3 (3), p. 129-131, 1985 b.

MATURANA, Humberto R., MPODOZIS, Jorge. *Origen de las Especies por medio de la Deriva Natural*. Publicación Ocasional # 46/1992. Dirección de Bibliotecas, Archivos y Museos. Santiago, Chile, 1992.

MATURANA, Humberto R. "Reality: the Search for Objectivity or the Quest for a Compelling Argument". *Irish J. of Psychology* 9 (1), p. 25-82, 1988.

VERDEN-ZÖLLER, Gerda. *Materialen zur Gabi-Studie*. Univ. Bibliothek Salzburg, Wien, 1978.

_____. *Der imaginäre Raum*. Univ. Bibliothek Salzburg, Wien. Dissertation zur Erlandung des Doktorgrades der Philosophie der Naturwissenschaften an der Philosophischen Fakultät der Universität Salzburg, 1979.

_____. *Ökopsychologie der früen Kindheit; Das Wolfstein-Passauer-Mutter-Kind-Modell*. Forschungsbericht und filmische Dokumentation, Universitats bibliothek Salzburg; Forschungsstelle für die Ökopsychologie der frühen Kindheit, Passau, 1982.

Epílogo

História

Acreditamos que o amor e a brincadeira como modos essenciais do viver humano em relação, do qual falamos neste livro, são elementos básicos da história evolutiva que nos deu origem. Como um comportamento que constitui o outro como um legítimo outro em coexistência, o amor segue junto com a ternura e a sensualidade; e a brincadeira, como modo de viver no presente, acompanha a abertura sensorial, a plasticidade do comportamento e o prazer de existir.

Contudo, o amor e a brincadeira não são conceitos nem ideias abstratas na história que nos deu origem. São aspectos de uma forma de vida que se manteve, geração após geração, como uma referência operacional em torno da qual mudou todo o resto, no devir evolutivo da linhagem de primatas à qual pertencemos. Ou seja, o amor e a brincadeira eram formas não reflexivas do modo de ser mamífero dos primatas bípedes que foram nossos ancestrais pré-humanos: simples costumes ou maneiras de relacionamento mamífero, cuja conservação como aspectos centrais de seu modo de viver tornou possível a origem da linguagem.

Assim, a confiança e a aceitação mútuas são parte integrante do encontro corporal íntimo que se dá entre a mãe e a criança no ato de amamentar; a ternura é parte da aceitação irrestrita da corporeidade das crianças que a mãe pratica ao acolhê-las no contato corporal; e a sensualidade é parte intrínseca da carícia, tanto no contato corporal da amamentação e do brincar quanto na ampliação da sensorialidade, que traz consigo o comportamento materno de limpar e arrumar. De modo semelhante, o brincar como estar no presente é parte integrante da imersão não reflexiva das crias mamíferas no bem-estar de viver um mundo que surge nesse mesmo viver. Suas regularidades aparecem como formas legítimas dele, e não como restrições ou limitações a ele impostas num âmbito de expectativas pré-definidas.

Em outras palavras, o amor e a brincadeira não foram conquistas especiais de nossos ancestrais. Como simples aspectos de seu modo de vida mamífero cotidiano, eram parte constitutiva de seu ser primata pré-humano. Segundo acreditamos, o peculiar em relação a eles é que foi sua conservação – como aspecto central do viver depois da infância e nas relações adultas – que definiu a linhagem que nos deu origem como distinta de outras linhagens de primatas. Isto é: acreditamos que somos o resultado atual de um devir que seguiu um curso demarcado pela conservação do amor e da brincadeira como partes fundamentais do viver adulto pré-humano ancestral, que tornou possível o aparecimento da linguagem.

Na evolução – biológica ou cultural –, não há um caminho pré-estabelecido. O devir evolutivo é uma deriva que segue qualquer direção na qual se mantém o viver. A cada instante, o rumo que ele de fato segue é definido pelo que se conserva nesse instante em torno da manutenção do viver. Daí resulta que aquilo que continua geração após geração como modo de vida é o que de fato define uma linhagem biológica ou uma cultura – e o que determina no que uma ou outra se transforme em seu devir.

Enfim, é por isso que o presente evolutivo humano é o resultado de um processo que conserva um modo de vida, e não uma conquista que ocorre num processo de adaptação a uma situação futura. Assim, afirmamos que não poderíamos ser como somos agora – seres que adoecem e sofrem na ânsia desesperada de amor, aceitação e de uma vida de ternura e sensualidade, quando de uma maneira ou de outra se interfere ou se nega o seu viver no amor e na brincadeira. Isso não aconteceria se não pertencêssemos a uma história biológica centrada na conservação do amor e do brincar como aspectos fundamentais do modo de vida que definiu a linhagem que nos deu origem.

Por essa razão, também cremos que agora somos seres que não desenvolvem nem conservam o auto e o heterorrespeito, e não crescem na intimidade do contato e aceitação corporal na brincadeira com a mãe (seja ela feminina ou masculina); seres que se tornam neuróticos, limitados em relação ao outro e infelizes se lhes é negada a possibilidade de viver o cotidiano na brincadeira. Não seríamos assim se não fôssemos o presente de uma linhagem definida pela conservação – até há pouco – de um modo de vida centrado no amor e na brincadeira.

Amor e brincadeira são modos de vida e relação. São domínios de ações e não são conceitos nem distorções reflexivas, comportamentos maus ou bons, virtudes ou valores... Não surgem como aspectos básicos do viver sobre os quais é preciso refletir até negá-los, ou interferir neles ou sentir-lhes a falta. Não sabemos quantas vezes na história humana se interferiu neles como aspectos básicos do viver, da infância à idade adulta. Mas sabemos que, com o advento do patriarcado europeu, essa interferência existiu no encontro de nossos ancestrais patriarcais e matrísticos quando se constituiu nossa cultura patriarcal europeia.

Com o patriarcado pôs-se fim ao brincar como um modo legítimo do viver humano, capaz de se estender do nascimento ao túmulo. Com o patriarcado perdeu-se a confiança no viver e começou a busca da segurança e do controle como modos de vida. Com o início da cultura patriarcal europeia, perdeu-se o entrelaçamento espontâneo do amar e do brincar como aspectos da maneira humana normal de viver. Converteu-se em algo especial, que deveria ser buscado porque era difícil de viver e de entender. O próprio fato de que viver no amar e no brincar é, para o ser humano moderno, tanto um problema quanto uma virtude, mostra que, na cultura patriarcal, o enlace natural amor-brincadeira foi negado ou perdeu seu caráter fundamental no modo de vida humano moderno. O amar e o brincar foram desdenhados ou negados pelo patriarcado como fundamentos do nosso viver cotidiano. Nessa medida, nossas vidas perderam sua conexão imanente espontânea com o mundo natural ancestral de que somos parte – uma perda de consciência da nossa pertença à natureza que nos possibilita e sustém. Com isso, ou nos vemos imersos num vazio espiritual, porque distorcemos ou perdemos as visões mítica e poética que a mantinham, ou substituímos tais visões por filosofias religiosas, políticas ou econômicas. Estas usam a noção de Verdade como uma visão mítica que, por sua vez, sustenta e justifica o controle patriarcal do comportamento humano.

No entanto, à medida que se perdem, como fundamento espontâneo da vida diária, tanto a consciência da interconexão de toda a existência quanto o viver em tal consciência (que é o viver espiritual), nossos filhos crescem sem poder desenvolver, como fundamento de sua auto e heteroconsciência, uma estrutura psíquica baseada no autorrespeito. Esta lhes permitiria conservar esse auto e heterorrespeito num mundo em mutação, que permanece invariante no humano. Quando isso acontece, as crianças veem-se forçadas a buscar fora de si, no âmbito das coisas e aparências, algum ou alguns elementos externos de controle que deem às suas vidas segurança, estrutura e a possibilidade de harmonia psíquica.

Entretanto, tal busca é tipicamente patriarcal, constitutivamente destinada ao fracasso, já que a harmonia interna não pode ser obtida pelo apego a coisas ou imagens externas, nem mediante o contínuo empenho de controlar a própria vida ou o mundo de objetos em que se vive. A harmonia interna só se consegue vivendo uma vida de auto e heterorrespeito. Isso só é possível – acreditamos – numa vida em que se conservem o amor e a brincadeira como modos de viver na sensualidade e ternura em todas as dimensões da existência.

Mulheres e homens

Nós, mulheres e homens, somos ao mesmo tempo iguais e diferentes. Somos biologicamente iguais no que se refere ao modo humano de viver, isto é, no linguajear, no emocionar, na ação e na inteligência; e somos biologicamente diferentes quanto à procriação. As mulheres podem dar à luz e amamentar, os homens não. A igualdade biológica de mulheres e homens faz com que ambos sejam capazes de realizar todas as dimensões do ser e do fazer humanos. Ou seja, os dois sexos estão igualmente capacitados – dos pontos de vista corporal, emocional e intelectual – para todos os afazeres humanos, do cuidado com as crias à guerra. Na verdade, é precisamente porque acreditamos que assim seja que falamos da relação maternal como um relacionamento de cuidado, na aceitação mútua em íntimo contato corporal mãe-filho sem distinção de quem o realiza, seja homem ou mulher. Ao mesmo tempo, acreditamos que quanto à fisiologia e à anatomia do sexo e da procriação, as diferenças entre homem e mulher fazem deles seres de sexos diferentes, mas não seres humanos diversos.

As diferenças sexuais implicam diversidade na fisiologia. Estas podem se manifestar como modos distintos de lidar com o espaço e o tempo e, portanto, como modos diferentes de mulheres e homens moverem-se em relação mútua e em relação à criança. Contudo, a maneira como nós, homens e mulheres, vivemos essas diferenças não depende de nossa biologia: depende de nosso ser cultural, da classe de vida que vivemos, de como se entrelaçam a ternura, a sensualidade e a sexualidade. Como dimensões relacionais de cercania e intimidade entre homens e mulheres, elas são os fundamentos de uma vida sadia e harmônica, tanto do ponto de vista individual quanto do social. Acreditamos que o modo fundamental de coexistência primata – cuja conservação tornou possível a origem da linguagem humana em nossos ancestrais pré-humanos – foi uma forma cotidiana de viver, centrada na ternura, sensualidade e sexualidade.

Ademais, acreditamos que o humano se origina num modo de viver em que a sexualidade é vivida sem nenhuma relação com a procriação, embora sem dúvida aquela leve a esta. Mais ainda, também cremos que essa forma de viver – centrada na sexualidade, ternura e sensualidade – era própria de nossos ancestrais. Foi esse modo de vida que diferenciou sua linhagem da de outros primatas próximos. Incluem-se aqui nossos parentes atuais, como o chimpanzé e o gorila, centrados em relações de domínio e submissão. Em outras palavras, acreditamos que o modo de vida destes últimos não é ancestral em relação ao nosso, porque não está centrado na conservação de um viver em sexualidade, ternura e sensualidade: ele pertence ao presente da conservação de uma maneira diferente de viver.

Nesta ordem de ideias, cremos que na origem do humano o entrelaçamento da ternura, sensualidade e sexualidade constituiu a ligação relacional que criou a família. Criou-a como um pequeno grupo de indivíduos que convivem de modo permanente nessas três esferas, qualquer que seja o seu modo de mover-se no espaço e no tempo em suas diferentes idades, e capaz de durar toda uma vida.

A sensualidade funda a estética do viver, abrindo a sensibilidade às coerências do existir e do coexistir. Ao expandir a sensibilidade dos sentidos, ela amplia as distinções do viver na direção do desfrute da vida no que constitui a experiência da beleza. A ternura amplia a intimidade e o prazer da coexistência. Abre espaços de proximidade corporal com o outro e faz da convivência uma fonte de bem-estar psíquico.

Entrelaçada com a sensualidade e a ternura, a sexualidade amplia e estabiliza a intimidade da coexistência em sensualidade e ternura; conserva-a e a torna, ao menos potencialmente, duradoura ao longo de toda a vida. Na aceitação e abertura para uma intimidade total com o outro – no prazer do contato corporal e na total confiança recíproca que implica –, a sexualidade expande o domínio do respeito e da auto e heteroaceitação. Estende esse âmbito da juventude à vida adulta, ao ampliar a autoconsciência e a consciência social ocorridas na criança que vive a relação com sua mãe na intimidade da completa aceitação e confiança de seu encontro corporal com ela no brincar.

Entretanto, o enlace de sexualidade, sensualidade e ternura só existe no entrelaçamento do amar e do brincar. Sem este, as relações sexuais transformam-se em violação, e a sexualidade torna-se um instrumento de abuso e procriação, negando assim a sua condição constitutiva de fonte de prazer e alegria. Sem o entrelaçamento de amor e brincadeira, a ternura transforma-se em dever e fonte de controle, e não uma vertente de intimidade e cuidado com o outro. Sem esse enlace, a sensualidade torna-se praticidade e tecnologia, deixando de ser a origem da estética do viver. Por fim, na ausência desse entrelaçamento – a ternura, a sensualidade, a sexualidade e o brincar no viver cotidiano –, as relações entre o homem e a mulher são instrumentalizadas pelas religiões, doutrinas políticas e filosofias econômicas. E também pela racionalidade, que justifica o viver patriarcal na geração de uma convivência que dá origem a distinções de gênero, que despontam com base na autoridade, desejo de controle, exigência de obediência e abuso.

Formas de vida

Todos os modos de vida nos quais os seres vivos podem viver até a sua reprodução são evolutivamente adequados, porque podem dar origem a uma linhagem. São, portanto, efetivos como origem de diversidade no devir histórico a que nós, humanos, pertencemos como seres vivos. É por isso que agora existem – e existiram – na história da Terra tantas classes diferentes de seres vivos. Mas a nós, humanos, não parece que todas as formas de vida sejam igualmente desejáveis quando refletimos sobre elas. O mesmo acontece no âmbito cultural. Podemos viver e conservar qualquer forma de cultura que não nos destrua muito rapidamente no próprio processo de vivê-la. Porém, não nos parece que todas as culturas sejam igualmente desejáveis, depois de refletir sobre as distintas formas de viver que elas implicam.

Todavia, acontece que não refletimos com frequência sobre o nosso viver. Sem ampliar a visão a que o amor conduz – e sem liberdade para a mudança de vida trazida pelo brincar –, a reflexão sobre o nosso próprio viver torna-se impossível. A aceitação da autoridade nega a reflexão; o desejo de controle a restringe; a apropriação a limita ou suprime; a conservação da segurança a recusa; a certeza a abandona, a verdade a repudia, a ambição a refreia... E tal acontece porque as emoções que sustentam esses comportamentos surgem da falta de respeito por si mesmo e pelo outro. Só o enlace do amor com a brincadeira permite a reflexão, pois eles se apoiam no auto e heterorrespeito. Ademais, para começar a refletir sobre a cultura em que vivemos, é preciso que estejamos em contradição emocional com ela. Ou seja, é preciso desejar algo diferente do que é legítimo querer no emocionar dessa cultura – e é precisamente isso que agora acontece.

Vivemos cada vez mais imersos em uma contradição emocional de base. Queremos manter o consumismo de nossa cultura, mas ao mesmo tempo desejamos conservar o mundo natural; pretendemos preservar o viver na apropriação, mas desejamos gerar solidariedade; ansiamos por certezas e segurança, mas ao mesmo tempo queremos liberdade; queremos autoridade, mas também respeito mútuo; pretendemos viver em competição, mas também em cooperação; ambicionamos a possibilidade de ficar muito ricos, mas também almejamos acabar com a pobreza; desejamos ser amados, mas ao mesmo tempo obedecidos...

A vida humana não pode ser vivida em harmonia e dignidade se essas contradições emocionais não se dissolverem. Acreditamos que para isso acontecer é necessário recuperar o amor e a brincadeira como guias fundamentais em todas as dimensões da coexistência humana. Ao mesmo tempo, é preciso que tenhamos a audácia de viver seriamente a responsabilidade de seres humanos que querem gerar, no dia a dia, um mundo humano em harmonia com a natureza a que pertencem. Devemos atrever-nos a abandonar o emocionar patriarcal que nos configura como seres que vivem imersos no emocionar da apropriação, valorização da procriação e do crescimento desmedido, controle, busca de segurança, autoridade, obediência e desvalorização das emoções e da sexualidade.

Crescimento populacional

O patriarcado destrói a confiança na coerência harmônica do mundo natural a que pertencemos. Como resultado disso, há uma perda de consciência de pertença humana à natureza e – bem como a busca do controle e segurança que isso também produz – o pensamento torna-se linear. Desvanece-se a compreensão sistêmica espontânea e se abre caminho para os danos ecológicos que levam aos desastres ambientais que agora vivemos. Em uma cultura não patriarcal, a atividade ritual conserva a consciência da pertença a um mundo natural de processos interligados e interdependentes. Ou envolve de fato ações que, além de conservar tal consciência, põem em prática essa pertença e participação sem pretender o controle. As culturas matrísticas vivem na consciência do caráter cíclico e recursivo de todos os processos ligados à vida.

Numa cultura patriarcal, por outro lado, a desconfiança e o desejo de controle e domínio são centrais. Com eles vem a limitação de percepção do caráter circular e sistêmico dos processos relacionados com a vida.

A consequência mais importante da perda da confiança na harmonia de toda a existência é que na origem do patriarcado surge um crescimento explosivo da população das famílias pastoras e seus rebanhos. O objetivo é obter segurança na abundância. As principais consequências desse crescimento são desarmonia ecológica, sobrecarga ambiental, acúmulo de lixo e degradação das condições de vida, com a geração de pobreza. Num mundo ilimitado, seria possível escapar da pobreza pela emigração. Num mundo limitado, porém, o crescimento irrestrito da população humana só pode levar à sua desintegração, por meio de uma inimaginável miséria, guerras, doenças e sofrimento material e espiritual generalizados.

Há mais. Nossa cultura patriarcal europeia se originou do violento encontro da cultura patriarcal pastora, vinda da Ásia, com a cultura matrística da Europa. Estabeleceu-se então o emocionar das hierarquias e do controle. Apareceram as doutrinas religiosas e políticas como mecanismo de controle do comportamento humano. Surgiu também a oposição entre o indivíduo e a comunidade. Numa cultura matrística, não há conflito entre esta e aquele – não porque não haja indivíduos, mas porque a individualidade não surge em oposição à comunidade. Ao contrário, esta se origina no autorrespeito e autonomia, que por sua vez surgem do fato de o indivíduo ter crescido numa relação materno-infantil baseada em total aceitação e confiança, na intimidade corporal do brincar. Numa cultura matrística não há ênfase no individual, pois o indivíduo cresce naturalmente integrado à comunidade e não em oposição a ela. Ele surge na relação de mútuo respeito, na total aceitação no brincar materno-infantil e na liberação implicada nessa relação.

Do ponto de vista operacional, só se é indivíduo quando se é um ser social. A existência social só acontece como uma convivência de mútua aceitação entre os indivíduos que, nessa condição, surgem na convivência social. Acreditamos que a oposição entre o individual e o social – que vivemos em nossa cultura patriarcal europeia – surge com a afirmação do individual, por oposição à dominação e negação que acontece na passagem das crianças matrísticas de nossa cultura à vida adulta patriarcal. Nela, como vimos, as crianças crescem, em sua infância matrística, no respeito mútuo, colaboração e participação. Mas quando entram na vida adulta, pede-se-lhes – ou melhor, exige-se-lhes – que aceitem como modo de vida a competição, a submissão e a obediência, numa contínua luta para não serem totalmente negadas.

Enquanto a criança vive essa transição cultural – no processo de tornar-se adulta, em nossa cultura patriarcal europeia –, ela surge como indivíduo adulto numa dinâmica que opõe, de modo contínuo, o individual ao social. Em tal cultura, ser indivíduo significa opor-se a algumas das dimensões de coerência interna próprias da comunidade a que se pertence. Cria-se então um conflito onde antes havia harmonia. À proporção que o individual e o social se opõem, a falta de confiança na coerência harmônica de toda a existência – própria do patriarcado – é reafirmada. E assim a compreensão limitada da pertença humana ao mundo natural se estende à vida comunitária. Em consequência, aumentam as práticas de controle da conduta individual pela autoridade patriarcal, com o objetivo de ter certeza de sua submissão à comunidade definida por essa autoridade.

Além disso, como na cultura patriarcal a segurança é vivida por meio da apropriação, crescimento, acumulação e procriação, as teorias patriarcais que explicam a oposição entre o individual e o social apoiam a apropriação e o crescimento populacional. O que inevitavelmente conduz à destruição do meio ambiente, à contaminação, acúmulo de lixo, pobreza e sofrimento.

Por fim, qualquer intenção de deter a destruição ambiental e a pobreza sem abandonar o patriarcado – e, com base nele, doutrinas e teorias religiosas, políticas ou econômicas apresentadas como autoridades – resulta em mais destruição do ambiente, mais contaminação e pobreza. Isso acontece porque o patriarcado – por meio de sua limitação constitutiva de compreensão do caráter sistêmico, cíclico, recursivo e não linear dos processos da biosfera – valoriza a apropriação, o controle, o crescimento e a procriação. E o faz com um emocionar cuidadosamente conservado nas teorias e doutrinas econômicas, políticas e religiosas que nele surgem. Não percebe que é precisamente a manutenção desse emocionar que torna possível – e em última análise determina – os danos ambientais e a pobreza.

Para deter a destruição da natureza pelo homem – e com isso interromper a destruição humana da existência humana – é preciso sustar o crescimento da população. Este é o principal fator operacional da geração dos danos ecológicos, da contaminação ambiental e da miséria e sofrimentos humanos que eles produzem. Para deter a destruição da natureza pelo homem – e para fazer cessar a dor e o sofrimento que ela causa –, devemos reconhecer que somos parte da natureza e que nosso bem-estar surge no viver com ela, e não contra ela na luta contínua para controlá-la e submetê-la, pois o mundo em que vivemos resulta de nossas ações.

O mundo natural só existe quando o vivemos nessa condição, ao vivermos como seres humanos. Um bosque só é um bosque se ao vê-lo não o cortarmos. Um lago só é natural e cheio de vida e beleza se, ao vê-lo, não o contaminarmos... Além do mais, só existiremos se ao distinguir-nos como seres humanos conservarmos o mundo natural que surge conosco, no ato de nossa própria distinção. Como fazer isso? Ampliando o conhecimento e a consciência em relação à interligação dos processos da biosfera, e também sobre a capacidade humana de agir como parte dela. Fazê-lo de modo que todos os seres humanos possam atuar, em cada circunstância, de acordo com esses conhecimentos e consciência. Cientes de que o mundo natural em que vivemos surge por meio de nosso fazer em nosso viver, e que sua conservação depende de nosso desejo.

Para fazer isso, porém, devemos ultrapassar o patriarcado. Para tanto devemos usar o pensamento racional (que nele se desenvolve), ampliando-o até tomar consciência de que são os desejos e as emoções que orientam o devir humano. E também sabedores de que a consciência do que se quer viver é a única coisa que nos permite ser responsáveis em tal empreendimento, possibilitando que a biologia do amor seja o nosso fundamento, e não o desejo de controle e domínio.

Glossário

Conversações. Resultado do entrelaçamento do linguajear e do emocionar, no qual acontecem todas as atividades humanas. Existimos no conversar, e tudo o que fazemos como seres humanos se dá em conversações e redes de conversações.

Comportamentos consensuais. Coerências comportamentais que surgem entre seres que vivem juntos (em interações recorrentes), como resultado desse modo de vida.

Consensualidade. Participação num domínio de comportamentos consensuais. A consensualidade própria da convivência de dois ou mais seres vivos se expande quando se amplia a dimensionalidade dessa convivência.

Emoção. O que distinguimos em nossa vida cotidiana, ao particularizar as distintas emoções que observamos em nós mesmos ou em outros animais, são as diferentes classes de comportamento, os diversos domínios de ações nos quais estamos e nos movemos – eles e nós – em diferentes momentos. Em outras palavras, quando diferenciamos emoções diversas, o que distinguimos biologicamente são dinâmicas corporais distintas (incluindo o sistema nervoso). Estas especificam, a cada instante, as ações como tipos de conduta (medo, agressão, ternura, indiferença) que um animal pode adotar nesse instante. Posto de outra forma: é a emoção (domínio de ações), com base na qual se realiza ou se recebe um fazer, o que caracteriza este fazer como uma ou outra ação (agressão, carícia, fuga). Por isso, dizemos: se quiseres conhecer a emoção, olha para a ação; se quiseres conhecer a ação, olha para a emoção.

Emocionar. É o fluxo de um domínio de ações a outro na dinâmica do viver. Ao existir na linguagem, movemo-nos de um domínio de ações a outro no fluxo do linguajear, num entrelaçamento consensual contínuo de coordenações de coordenações de comportamentos e emoções. É esse enlace do linguajear com o emocionar que chamamos de conversar, usando a etimologia latina da palavra, que significa "dar voltas juntos".

Linguagem. Quando operamos na linguagem, o que fazemos é mover-nos em nossas interações recorrentes com outros, num fluir de coordenações de coordenações comportamentais consensuais. Ou seja, a linguagem ocorre num espaço relacional e consiste no fluir na convivência em coordenações de coordenações consensuais comportamentais – e não num certo modo de funcionamento do sistema nervoso nem na manipulação de símbolos. O símbolo é uma relação que um observador estabelece na linguagem. Quando reflete sobre como transcorre o fluxo das coordenações de coordenações comportamentais consensuais, ele associa distintos momentos desse fluir, tratando um como representação do outro.

Linguajear. É o fluir em coordenações de coordenações comportamentais consensuais. Quando, numa conversação, muda a emoção, muda também o fluxo das coordenações de coordenações comportamentais consensuais. E vice-versa. Esse entrelaçamento do linguajear com o emocionar é consensual e se estabelece na convivência.

Mãe. Mulher ou homem que cumpre, na convivência com uma criança, a relação íntima de cuidado que satisfaz suas necessidades de aceitação, confiança e contato corporal, no desenvolvimento de sua consciência de si e de sua consciência social.

Texto composto na fonte Versailles.
Impresso em papel Offset 75gr na Cromosete Gráfica.